Marla Singer

WAS BLEIBT

Das schwierigste im Leben einer Frau, sind ihre Freundinnen. Nicht die Männer.

Marla Singer

Selbstportrait aus dem Jahr 2019

©2025 Marla Singer
Verlag: BoD · Books on Demand GmbH,
Überseering 33, 22297 Hamburg, bod@bod.de
Druck: Libri Plureos GmbH, Friedensallee 273,
22763 Hamburg
ISBN: 978-3-7597-8371-4

Was bleibt

Es ist nicht schlimm, Alkoholikerin zu sein. Es ist nur schlimm, was es mit mir macht.

Es ist der dritte Juli 2014, als ich mit dem Motorrad in die Frauensuchtklinik im schwäbischen Umland anreise. Die Fahrt führt mich durch Serpentinen, Wälder, vorbei an Kuhweiden. Die Morgensonne wärmt mein Gesicht. Auf der Landstraße ist kein Stau. Es ist überhaupt wenig Verkehr für einen Tag unter der Woche. Meine Gedanken sind frei. Ich liebe es auf der Straße zu sein. Nur ich, der Wind, der Asphalt unter mir. Es sind nur wenige Stunden Fahrt bis zur Einrichtung. Als ich ankomme, stelle ich die Maschine direkt vor dem Klinikeingang ab. Das große Gebäude liegt abseits am Waldrand. Augen sind auf mich gerichtet. Neugierige strecken ihre Hälse nach dem Neuzugang aus. Eine grimmige Frau mit einem Pittbull-Gesicht stellt sich freudlos als Anja vor. Sie ist heute für meinen Empfang zuständig. Sie knurrt, ich soll mich beeilen. Gleich gibt es Mittagessen. Ich muss erst einmal pissen. Sie nimmt mir zuerst mürrisch mein Handy ab. Telefonieren ist in den ersten Wochen Eingewöhnung verboten. Die schweren Taschen darf ich natürlich selbst tragen. Wir gehen durch die Cafeteria. Es ist ein karger Raum mit großen Fenstern mit Sicht auf den kleinen Lichthof. Eine der Türen führt direkt raus auf die minimalistische Sonnenterrasse mit ein paar Liegen und Sonnenschirm. Man hat den offenen Blick auf die umliegenden Felder. Weit und breit keine Kneipe, nur Ackerland, dichter Wald. Die ein oder andere Frau grüßt leise. Die meisten sagen gar nichts. Sie blicken ins Leere, gehen ihrer Wege. Ich nehme mir Zeit auf dem Klo.

Möchte am liebsten hier drin bleiben in meinem Versteck. Anja wartet ungeduldig vor der Tür. Als ich fertig bin, bringt sie mich in den Speisesaal. Dort ist Platz für 89 Frauen. Es ist überfüllt. Jeder redet durcheinander. Eine lauter als die Andere. Anja zeigt mir meinen Platz an einem großen Tisch am Rand. Dort sitzen wir die Alkoholikerinnen. Nebenan die Heroinabhängigen, eine Reihe weiter die Polytoxen, nochmal eine Reihe weiter die Kifferinnen, dann die Medikamenten-Junkies, zum Abschluss die Crystal-Meth Zombies. Ein bunter Strauß Verfall in allen Altersklassen. Hier sammeln sich alle Gesellschaftsschichten. Die Gier nach Stoff, egal welcher Art, kennt keine Grenzen. Die Frauen mustern mich. Ich werde misstrauisch begrüßt. Es sind elf Frauen am Tisch. Wir werden in den kommenden Monaten dreimal täglich hier zusammen essen. Zweimal in der Woche werden wir mit unserer Gesprächstherapeutin Frau P. für anderthalb Stunden im Kreis sitzen, uns unterhalten, kreischen, beleidigen, heulen, jammern, aushalten, schweigen. Ich habe 16 Wochen Therapie vor mir. Mir wird streng erklärt, dass wir alle hier sein dürfen und nicht müssen. Das stimmt so nicht ganz. Ich lache ein wenig. Die Frauen sehen mich strafend an.

Meinen letzten Absturz hatte ich im Januar diesen Jahres an der Geburtstagsfeier meiner Freundin Sigi. Ich war mit dem Fahrrad dort, doch weiß ich nicht mehr wie ich Heim gekommen war. Zumindest kam ich ohne große Blessuren im Elend an. Am Tag danach wachte ich erst nachmittags mit einem Mordskater auf. Meine Glieder waren alle steif, schmerzten, mein Kopf ein Klumpen Scheiße. Ich fühlte mich, als hätte ich ordentlich Prügel kassiert. Meine Depressionen nahmen mir die Luft zum Atmen. Ich hatte einen Heulkrampf, der den ganzen Tag, die ganze Nacht, die darauf folgenden Tage und Nächte andauerte. Meine Dämonen verweilten bei mir, gönnten mir keine Pause. Ich glaubte zu Sterben, doch ich starb nicht physisch. Mein Geist löste sich Stück für Stück von mir ab. Wie sollte ich das aushalten ohne Rausch? Mein versoffener Verstand kickte mich geradezu ins Schwarze nirgendwo. Hatte Zigarettenrauch und Bargeruch in der Nase. Meine kaputte Leber schmerzte höllisch, verlangte mehr Medizin. Ich wollte den kalten Schmerz mit Wodka ertränken.

Viele der Frauen haben einen Entzug im Krankenhaus hinter sich und sind im Anschluss zur Rehabilitation eingeliefert worden. Ich komme direkt von zu Hause. Nach der Feier habe ich einfach aufgehört zu trinken. Es war einfach ein Kater zu viel. Habe nicht weiter darüber nachgedacht. Weiß nur, dass es so nicht mehr weiter geht. Als ich beim Psychiater sitze, von meinen vielen wüsten Abstürzen erzähle, fragt mich der Doktor was ich hier will? Vor vier Jahren war ich doch schon einmal bei ihm, lehnte eine Behandlung ab. Was ich denn die letzten vier Jahre getrieben habe, möchte er wissen. Auf diese Frage bin ich nicht gefasst. Mein Gehirn kann nicht begreifen, dass ich schon wieder so lange durch trinke. Überlege verkrampft eine plausible Antwort. Dann sage ich ihm, dass ich gearbeitet habe. Immer zu ums Überleben malocht, um die Miete, meine Schulden zu bezahlen. Viel verdient habe ich nie. Ich musste immer mehrere Jobs machen. Tagsüber im Büro als Telefonistin und Nachts im Bordell als Barfrau. Dann weitere Jobs als Putzfrau, Spülerin, Tankstellenaushilfe, Casinoaufsicht. Es waren so viele beschissene Jobs, dass ich die meisten verdrängt habe. Ich weiß nicht mehr weiter. Zuletzt stehe ich bei einem Erotik-Massagesalon vor der Tür, und stelle mich als Sexarbeiterin vor. Ich soll meine Brüste zeigen. Also ziehe ich blank, zeige meine Ware. Meine Titten werden als gut in Form bewertet. Ich bin aber zu fett für den Job, kriege sofort eine Absage. Der Psychiater atmet hörbar aus und sagt dazu erst einmal nichts.

Neben mir sitzt Nicole, eine dürre Frau, Anfang vierzig mit grellen, grünen, Kunstnägeln. Sie redet laut und schrill. Ihre Stimme geht mir auf die Nerven. Sie erzählt von ihrem Job als Domina. Nicole ist nicht zum ersten Mal hier in der Frauenklinik. Für sie ist das Urlaub von der Peitsche und von harten Schwänzen. Daneben sitzt Caroline, Anfang fünfzig mit einem glatten Gesicht und einem jugendlichen Kleidungsstil. Sie ist ebenso wenig zu überhören. Erzählt lauthals von ihrer Alkoholsucht, ihrem väterlichen Freund. Caroline mag keinen Sex. Sie möchte immer Kind bleiben. Tilly, sechzig, geschieden, weint ihrem Ex nach. Sie will ihren Mann zurückhaben. Der hat bereits eine Jüngere geheiratet. Sabine sitzt mir gegenüber. Sie ist auch nicht das erste Mal in einer Suchteinrichtung. Sabine arbeitet als Krankenschwester, schafft den Job nicht mehr in Vollzeit wegen der Sauferei und der Prügel von ihrem Noch-Ehemann. Die Scheidung läuft. Sie hat schon einen neuen Freund. Dann hockt da Brigitte mit Siebzig. Anfang des Jahres hat sie versucht sich das Leben mit Schlaftabletten zu nehmen. Brigitte hat sich in ihrem Sonntagskleid ganz feierlich ins Bett gelegt und auf den Tod gewartet. Ihr Mann findet sie, ruft den Notarzt. Brigitte ist enttäuscht. Vor allem aber wütend auf ihn. Sie bleibt die kommenden Wochen im Krankenhaus, geht danach direkt in die Reha. Sie will nicht hier sein und auch sonst nirgends. Birgit lebt nur für ihre erwachsene Tochter. Wenn sie sich für Melanie nicht verausgabt, trinkt sie Rotwein, raucht Kette. Ihre Zähne sind schwarz, da alle Verblendungen ihrer Zahnkronen abgeplatzt sind. Es sieht schaurig aus. Dann sind noch die zwei Monikas am Tisch. Die eine redet ununterbrochen über Scheiße, die niemanden interessiert. Die andere redet überhaupt nicht. Neben mir sitzt der Pittbull. Anja spricht auch nichts, sondern nur wenn sie aufgefordert wird. In wenigen Tagen wird sie entlassen. Keine der Frauen wird sie vermissen. Wir haben noch Julia, eine junge, alleinerziehende Mutter, bei uns am Tisch. Sie hat ein ausladendes Alkoholproblem. Im Rausch lässt sie ihre Wohnung, ihren dreijährigen Sohn über einen längeren Zeitraum verwahrlosen. Das Kind ist immer am schreien, nervt damit die Nachbarn. Die rufen das Jugendamt an, die kommen tatsächlich prompt, sind geschockt über den schrecklichen Zustand von Mutter und Kind. Die nehmen den Jungen direkt mit. Die Bullen werden dazu gerufen, nehmen die willenlose Julia in Gewahrsam. Über die junge Rabenmutter wird sogar im Fernsehen bei etlichen Boulevard Sendungen berichtet. Julia ist jetzt ein echter Anti-Promi. Das hält sie nur total besoffen aus. In den sensationsgeilen Medien wird alles nochmal ordentlich aufgeputscht. Den Lebensunterhalt verdient sie jahrelang ausschließlich mit Prostitution und Pornos. Ihre Eltern wissen nichts von der persönlichen Hölle ihrer Tochter, bis die den Fernseher einschalten und so darüber in Kenntnis gesetzt werden. Jetzt ist das Kind bei einer Pflegefamilie. Julia hat die Auflage vom Gericht eine Therapie zu machen. Sie meint, sie schaffe es nicht und lächelt dabei ganz süß.

Erst am Nachmittag habe ich ein Gespräch mit meiner zuständigen Therapeutin. Es dauert eine Stunde. Ich bin müde von der Fahrt, dem Essen, einfach allem. Eine Stationsschwester bringt mich anschließend auf mein

Zimmer. Dort bin ich endlich wieder allein mit mir und meinen trüben Gedanken. Ich fühle mich wie in einem Gefängnis ohne Schloss. Keiner kommt hier rein, keiner hier kommt raus. Sechs Uhr gibt es Abendessen. Das Anstehen geht mir jetzt schon gegen den Strich. Am Tisch werde ich zum Spüldienst in eine Liste eingetragen. Jede Gruppe kommt dran. Nach dem Essen gehe ich eine Runde ums Haus. Weiter weg darf ich in den ersten zwei Wochen nicht. Dann nur in Begleitung in nicht bebautes Gebiet, in der dritten Woche mit Begleitung in die Stadt. Zweiundzwanzig Uhr ist Nachtruhe. Ich höre durch die Wand wie jemand telefoniert. In einem anderen Zimmer wird lautstark gefickt. Lesben die sich den Frust von der Seele wegficken. Harte Frauen die den Geschmack eines Mannes nicht kennen.

Ich bin aus eigenem Willen hier. Habe mich einweisen lassen, weil ich meinen Alkoholkonsum nicht mehr im Griff habe. Mein erster gut bezahlter Job ist weg. Mein Privatleben lief wie ein schlechter Film vor mir ab. Ich war längst nicht mehr da. In meinem kaputten Film bin ich der Star! Andere Insassen haben die Auflage hier drin zu sein. Therapie oder Knast. Einige schaffen es nicht, hauen ab, tauchen bei einer Bekanntschaft unter, werden rückfällig, müssen wieder zurück ins Gefängnis. Die Nachtschwester kommt leise bei ihrem Rundgang herein, wünscht mir eine gute Nacht. Liege auf dem schmalen Bett, betrachte die Zimmerdecke. Ich bin eine Versagerin. Ich habe es in meinem erbärmlichen Leben zu nichts gebracht. Schlimmer noch, es ist mir egal.

Die Nacht ist kurz, schon sieben Uhr gibt es Frühstück für alle. Ich werde nur langsam wach. Realisiere das ich nicht in meiner Wohnung aufwache. Ich ziehe mir meine Jogginghose über, gehe ungekämmt nach unten in den

Saal. Anstehen in einer endlosen Warteschlange müder, mies gelaunter Frauen. Als ich dran komme, nehme ich nur Müsli und schwarzen Kaffee. Dieser schmeckt nach Magenkrebs, einfach nur grauenhaft. Ich werde künftig darauf verzichten. Am Tisch wird mir erklärt, dass wir immer pünktlich sein müssen, immer vor dem Essen beten, erst aufstehen und abräumen wenn die Schwester geläutet hat. Danach rennt alles seiner Wege zur Gruppentherapie, der Spüldienst entert die Küche, die Nikotinjunkies den Raucherpavillon, die ein Fahrrad leihen wollen stehen am Empfang an. Eine Patientin verwaltet die Schlüssel. Die kommt immer zu spät. Es wird gemeckert und gekeift. Letztendlich kriegt jede ein Rad und alles ist wieder ruhig. Ich suche den Ergo-Raum. Meine erste Therapiestunde beginnt um halb neun. Frau B., eine praktizierende Christin, erwartet uns Patientinnen bereits. Sie segnet die Anwesenheitsliste mit Gottes Willen ab. Dann wird gefilzt. Ich hasse es nassen Filz in den Händen zu halten. Am liebsten möchte ich aus dem Fenster springen. Ich muss dazu erwähnen, dass sich der Raum im Erdgeschoss befindet. Die große Flucht über die Felder könnte also gelingen. Wir modellieren mehr schlecht als recht florale Schlüsselanhänger. Die Hände fühlen sich einfach nur widerlich seifig an. Meine Gedanken schweifen in die Ferne. Ich sehe mich in der Vergangenheit auf einem Barhocker an der Theke sitzen, mit einem doppelten Wodka vor mir. Im Dämmerlicht spielt die Musikbox Johnny Cash. Ich fühle mich zu Hause. Trinke und rauche allein. Träume von Kalifornien, vom Strand, vom Meer. Ich war noch nie dort. Spüre die Hitze der Sonne auf meiner Haut. Ich möchte bleiben und nicht wieder zurück in meinen kargen Alltag. Es ist der Sommer 2012 in der Stadt. Ich arbeite als Haushälterin für Superreiche. Die alten Bonzen wohnen im allerbesten Freiburger Stadtteil. Sie behandeln mich wie ein Haustier. Als ich mir die Haare kurz abschneide und schwarz färbe, werde ich von meiner Chefin angeschissen, dass ich jetzt nicht mehr die selbe Person bin, die sie eingestellt hat. Das hätte ich mit ihr zuerst besprechen müssen. Wer kann da nüchtern bleiben? Das lädt geradezu ein, um mit Jack Daniels den Abend in der Bar zu verbringen. Genau das mache ich dann auch. Alkohol verlässt mich nicht, spendet mir in vielen dunklen Stunden Trost.

Ich bin alleinstehend, lebe seit wenigen Monaten in einer Wohngemeinschaft mit einer lebensmüden Frau. Einen Mann habe ich lange schon nicht mehr. Meine letzte Männerbekanntschaft ist ein paar Jahre her. Wir hatten eine unheilvolle Beziehung zueinander. Meine Eifersucht raubte mir den Verstand. Er war ein Mann, der seine Freiheiten lebte. Auf ihn war kein Verlass. Wenn er mal da war, trieben wir es unentwegt miteinander. Es war kein guter Sex, doch fühlte ich mich dabei unersättlich und lebendig. Am Ende war ich doch immer allein mit mir. Manchmal wollte ich in seinen Armen einschlafen, doch das mochte er nicht. Ich bin dann raus auf den Balkon, zog im Dunkeln noch einen durch. Danach legte ich mich zu ihm, schlief gleich ein. Bei einem handfesten Streit in meiner alten Wohnung sehe ich seine Finsternis und entkomme nur knapp dem Tod. Er hat mir den Rest gegeben. Es wird kein Mann mehr in meinem Leben geben. Doch zu dem Zeitpunkt habe ich nicht daran gedacht, jemals allein zu bleiben. Seit frühster Jugend, hatte ich immer was mit einem Kerl am Laufen. Immer auf der Suche nach ein wenig Zuwendung.

Frau B. reißt mich aus den Gedanken. Sie sagt, mein Schlüsselanhänger ist noch nicht formschön genug. Da muss ich noch etwas Hand anlegen. Meine Begeisterung hält sich in Grenzen. Nach der Stunde habe ich es trotzdem geschafft und gehe einigermaßen zufrieden meiner Wege. Ich werde im Haus zum Pflanzendienst, zum Beete pflegen eingeteilt. Es hätte mich schlechter treffen können. Mit mir macht Beate ihren Dienst. Sie ist Kifferin, kurz vor ihrem Dreißiger, sehr zynisch, wenig lebensfroh. Die Voraussetzungen für eine dynamische Zusammenarbeit sind somit gegeben. Wir verstehen uns meist schweigend prächtig. Manchmal langweilen wir uns zusammen, reden über Drogen. Natürlich darüber, dass es ohne Stoff nicht auszuhalten ist. Wir geben uns nicht wirklich Mühe mit dem Blumenjob. Das fällt aber niemandem auf. Wir werden in Ruhe gelassen. Andere müssen im Tiergehege schuften und ausmisten. Am schlimmsten stinken neben den Lamas die Ziegen. Sie könnten nicht schlimmer stinken, wenn sie tot wären. Beate hat auch keinen Bock auf Tiere. Während unserer Arbeitszeit verweilen wir oft auf eine kleine Pause am Raucherpavillon. Wir schauen den anderen Junkies beim Ausmisten zu. Das kommt nicht bei allen gut an. Um Drei macht die Cafeteria auf. Wir kaufen uns gleich Kaffee, philosophieren über das trostlose Leben, den perfekten Tod. Wir haben keine Lust auf Verantwortung. Ältere Patientinnen predigen, wir faulen Schlampen sollen endlich Eigenverantwortung übernehmen. Davon bin ich weit entfernt.

Die ersten Wochen vergehen wie im Flug. Ich bin damit beschäftigt mich in der Klinik einigermaßen einzuleben, meine Therapien pünktlich wahrzunehmen, mich an die Regeln zu halten, damit ich meine Ruhe hab. Ich schlafe mittags sehr viel und nachts auch. Ich habe wie gewohnt wirre Träume. Es gibt kein Entkommen aus dem Horror.

Ich nehme Antidepressiva zum wach werden, abends welches zum runterkommen. Es soll mich entspannen, es soll die Angst nehmen. Ich habe schon mein Leben lang Angst, kann mir gar nicht vorstellen das es irgendwann mal aufhört. Mein Körper besteht überwiegend aus Medikamenten, Kaffee und Fett. Meine Diagnose lautet: Emotional-instabile Persönlichkeitsstörung, impulsiver Typ. Kurz, eine ausgeprägte Borderline Persönlichkeit. Dazu kommt die rezidivierende depressive Störung. Mal mehr, mal etwas weniger ausgeprägt. Es gibt durchaus Hochphasen, da bin ich euphorisch, sogar unterhaltsam. Doch meist bin ich einfach nur unglücklich. Das war immer schon so. Als Kind war ich eine Außenseiterin, eine Beobachterin. Die Gesellschaft war mir schon früh zuwider. Die oben sind, treten nach unten. Die unten sind, bleiben dort auch. Ich weiß, wo ich hingehöre. Ich bin mittellos. Geld ist ein notwendiges Übel. Trotzdem hasse ich es arm zu sein.

In der Kunsttherapie bei Frau C. behandeln wir heute das Thema: Vater. Wir sind sechs Frauen in dieser Gruppe. Keine hat gesteigerte Lust über den eigenen Erzeuger zu sprechen. Ich halte mich dezent zurück. Eine der Frauen fängt an zu weinen. Eine Andere verlässt krachend den Raum, wieder eine andere malt ein großes schwarzes Loch aufs Papier. Sie drückt so fest auf, das der verdammte Stift bricht. Offensichtlich hat keine von uns eine schöne Erinnerung. Ich denke kaum noch an meinen Alten. Der Vater meiner Kindheit war ein gemeiner Choleriker, Kettenraucher, ein Trinker. Es gibt nicht viel über ihn zu sagen. Wenn er mal anwesend war, schadete er meiner Psyche permanent. Er hatte damals keinen Bestand in meinem Leben, heute erst recht nicht mehr. Zugegeben, so einfach ist es nicht. Ich denke, wir haben uns gegenseitig abgelehnt. Für ihn war ich nur eine dumme Nutte. Er konnte mit mir einfach nichts anfangen. Wenn Vater es doch mal halbherzig versuchte, überkamen ihn Unsicherheiten und Komplexe. Wir lieferten uns oft wüste Wortgefechte. Geschlagen hat er mich nur einmal, nachdem meine Schwester und ich, versehentlich die Küche anzündeten. Es war ein früher Samstagmorgen, die Eltern schliefen noch ihren Rausch aus. Wir waren beide noch sehr klein, als wir mit Mutters Feuerzeug spielten. Der Rauch weckte die Alten auf. Nachdem Vater fluchend die Flammen unter einem Tuch erstickt hatte, setzte es eine Tracht Prügel. Mutter befahl ihm, dass er zuschlägt, damit sie nicht immer die böse Hexe ist. Er weinte bei jedem Hieb auf unsere kleinen Körper. So also werde ich mit meiner Vergangenheit konfrontiert. Es ist wie ein Schlag in die Fresse! Immer wenn ich denke, es geht gar nicht mehr schlimmer, dann wird es schlimmer. Vergangenheit vermischt sich mit dem Hier und Jetzt, es vermischt sich mit meinen Albträumen. Die Zeit geht vorwärts, Zeit geht rückwärts. Alles geht zu schnell. Ich komme nicht mehr mit. Atemlos vom Nachdenken, vom Gedanken sortieren. Die beschissene Hirnfickerei läuft auf vollen Touren. Es tauchen Erlebnisse auf, die ich längst verdrängt habe. Ich hasste die Schule, später hasste ich meine Lehrstelle, dann meinen Arbeitsplatz und die Spießer dort. Dann war ich mal verlobt. Einmal glaubte ich schwanger zu sein, doch es stellte sich als Irrtum heraus. Ich war erleichtert. Mein bester Freund starb mit einundzwanzig auf der Straße. Kann es nicht vergessen. Damals gab es auch schon einen Mann in meinem Leben, der mich töten wollte. Ich fand sie immer, die bösen Jungs. Offensichtlich war ich auch kein nettes Mädchen. Als ich im Suff einen Kerl beklaute, lauerte der mir auf und schlug mich zusammen. Mein Adrenalin kochte. Ich sortierte die Knochen, fragte ob er nicht noch mehr zu bieten hatte als Streicheleinheiten. Er gab mir ordentlich Saures. Die Prügel war von allerbester Qualität. Gewalt war Zuwendung die mir vertraut war. In den kommenden Wochen war ich arbeitsunfähig. Daheim wütete meine gewalttätige Mutter. Egal wohin ich ging, alles blieb beim Alten, arbeiten gehen, Schläge einstecken, dann ging ich in die Kneipe, um alles zu vergessen. Im Wodka-Syndrom versank ich mit den anderen Alkoholikern am Tresen. Zeit spielte keine Rolle. Zeit war alles, was ich hatte. Ich ging bei Tag rein, ging in tiefster Nacht wieder raus. Der kalte Himmel über mir. Ich spürte mich nicht. Ich war so allein, wie man nur mit sich selbst allein sein konnte. Als Kind versteckte ich mich im Wandschrank, betete zum lieben Gott, dass alles aufhört. Der hörte mich nicht. Heute verstecke ich mich in dunklen Spelunken, um dem Alltagswahnsinn zu entkommen. All das erzähle ich einmal pro Woche in einem Einzelgespräch. Frau P., meine Bezugstherapeutin, schreibt alles mit. Sie kommt kaum hinterher. Ich habe viele Jahre mit niemandem gesprochen, jetzt kann ich nicht mehr damit aufhören. Es ist eine Qual, doch gleichzeitig auch eine Erlösung. Ich weiß nicht, wohin es mich führt. Bleibe ich bei mir oder verliere ich mich? Ich weiß gar nichts mehr. Kann nicht mehr zurück. Will aus meinem Seelengefängnis raus, mich neu erfinden. Weiß nicht, was gut für mich ist. Das dumme Stück hat nicht gelernt zu sprechen. Ich falle in eine tiefe Depression. Absolute Finsternis. Davon erhole ich mich erst Wochen später. Die vergangene Zeit liegt wie ein grauer Schleier über mir.

Beate schaut sich einen Gladiatoren Film auf dem Handy an. Nach drei Wochen Eingewöhnung kriegen wir alle unsere Mobiltelefone zurück. Als ich es einschalte, habe ich Null Anrufe und Null Nachrichten erhalten. Ich mache es wieder aus. Jetzt ist auch Internetnutzung und Ausgang in die Stadt erlaubt. Beim Italiener bestelle ich Cappuccino und Spaghetti-Eis. Der kleine Ort ist voll mit Frauen aus der Suchtklinik. Es wird getratscht, gelacht, in der Drogerie Beautyprodukte, alle verfügbaren Größen Tampons und Binden eingekauft. Ich kaufe mir eine Gesichtsmaske, damit ich mich etwas als Frau fühle. Mittlerweile habe ich mich ganz gut eingewöhnt, neue Bekanntschaften gemacht. Freiburg liegt in weiter Ferne. Das Leben in der Klinik ist einfach, wenn man sich an die Hausordnung hält. Das Essen wird für uns gemacht, abspülen, putzen, Betten machen müssen wir selbst. Alles geht nach klaren Regeln und einem strikten Zeitplan. Es ist eintönig, gibt aber eine gewisse Sicherheit. Es gibt meist auch keine Überraschungen. Dann kommt eine der Frauen stinke besoffen zum Abendessen. Sie randaliert im Speisesaal. Geschirr fliegt über unsere Köpfe. Der eingreifende Pfleger wird als Wichser beschimpft, kriegt zum Dank einen harten Tritt in den Sack. Die Bullen kommen, sorgen schnell für Ruhe im Hühnerstall. Die Schnapsdrossel kommt in die Ausnüchterung. Morgen werden die Ärzte entscheiden, ob sie gehen muss oder bleiben darf.

Der Tag danach beginnt wie immer früh. Heute steht Hallensport auf dem Plan. Ich bin zum Bogenschießen eingeteilt. Es macht mir keinen Spaß. Das soll uns ins innere Gleichgewicht bringen. Keine von uns trifft. Um so frustrierter sind alle am Ende der Sportstunde. In der Eingangshalle stehen gepackte Koffer. Neuzugänge sind eingetroffen. Petra, die gestern Abend total Storno ausflippte, bekommt Bewährungszeit über zwei Wochen.

Sie muss jetzt täglich ein Rückfallprotokoll schreiben. Das stinkt sie gewaltig an. Dann stürzt Anette ab. Sie berichtet uns von ihrem Desaster. Es fängt recht harmlos an, als sie in den Ort in ihr Stammcafé geht. Bestellt sich ganz selbstverständlich statt Kaffee einen Schnaps, dann noch einen und noch einen. Die Bedienung ist irritiert, da sie sonst nie trinkt, sagt aber nichts. Sie bezahlt, geht rüber zu Aldi, kauft sich fünf Dosen Prosecco. Sie setzt sich auf eine Bank, trinkt auch diese leer. Dann pennt sie erst einmal ein Stündchen. In der Dämmerung wacht sie auf, hat ordentlich einen im Tee. Im Suff steigt sie in den nächsten Zug der kommt, fährt ins nächste Kaff. Dort findet sie sich in einer Dorf-Disko wieder. Irgendwann nachts stolpert sie dort raus, fällt blöde, so dass sie sich den Arm bricht. Anette ist zu besoffen, um es zu merken. Da sie nicht weiß wie sie zurück in die Klinik kommt, ruft sie die Bullen an. Die fahren Patrouille und greifen sie auf. Als einer der Beamten nach Anettes Ausweis fragt, muss sie lallend feststellen, dass sie ihren Geldbeutel samt Papiere verloren hat. Die Polizisten stopfen sie in die Bullenschaukel, bringen sie umgehend aufs Revier in die Ausnüchterung. Sie tritt, flucht wie ein Seemann, doch am Ende ist sie zu erschöpft um, weiter zu kämpfen. Sie schläft ihren Rausch aus. Am nächsten Morgen hat sie einen Mörderkater und einen dicken Arm. Sie wird in das örtliche Krankenhaus gebracht. Ihr Arm wird geröntgt und zur Ruhigstellung eingegipst. Dann folgt noch ein Schwangerschaftstest. Anette sieht wüst aus. Die Bullen glauben, dass sie im Suff vergewaltigt wurde. Anschließend bringt man sie zurück in die Einrichtung. Da Anette nicht auf dem Klinikgelände konsumiert hat, bekommt sie eine Bewährungszeit. Beim nächsten Ausrutscher fliegt sie raus. Während sie uns ihre

Geschichte erzählt lachen wir alle. Jede von uns kennt solche Peinlichkeiten, nur dass es uns besoffen egal ist. Sich wie ein Idiot aufzuführen ist die letzte Freiheit in einem System, aus dem wir herausfallen. Verrückten sagt man nicht, was sie zu tun oder zu lassen haben. Wir sind ungeliebte Frauen ohne Eigenliebe. Wir haben gelernt, zu funktionieren. Wir haben gelernt, unsere Fresse zu halten. Wir haben gelernt, nicht zu weinen. Wir haben gelernt, hart zu uns selbst zu sein. Wir haben gelernt, unseren Eltern, unseren Männern, unseren Kindern, unseren Vorgesetzten, dem Staat zu dienen. Der Rausch ist die einzige Freiheit, die wir kennen. Immer allein mit uns, unseren geheimen Wünschen nach Liebe und Akzeptanz. Es gibt nur die Flucht in das selbst erschaffene Paradies im Nirgendwo. Es gibt keinen Ort, an den wir gehen können, es gibt keinen Platz zum Verweilen. Reisen findet nur im Kopf statt. Das Herz ist ein zäher Muskel, es verkrampft, es schmerzt. Alles bleibt beim Alten. Die Suchtklinik ist eine kleine Auszeit, es sind Ferien vom persönlichen Drama zu Hause. Auf mich wartet niemand. In der Kunsttherapie male ich einen Kaktus. Frau C. lässt mich gleich wissen, dass der Kaktus sehr gut zu meinem stacheligen Charakter passt. Ich mag Kakteen, weil sie die schönsten Blüten hervorbringen. Aber keiner traut es der Stachelpflanze zu. Kakteen werden unterschätzt. Frau C. spricht mich ständig mit falschem Namen an. Nach dem dritten Mal bin ich angepisst, werde laut, sie soll sich gefälligst endlich meinen Namen merken. Der ganze Raum erstarrt. Es zeigt mir wieder einmal mehr, dass ich unterschätzt werde. So wie ein verdammter Kaktus!

Es gibt Mittagessen. Das übliche Anstehen am Futtertrog. Heute ist Vegi-Tag. Es gibt nur verkochtes Gemüse, unreifes Obst. Der Sucht-Marathon macht hungrig. Mein

Bauch fühlt sich wie ein großes Loch an. Nie endender Hunger macht mich wahnsinnig. Wer Hunger hat, denkt besonders klar. Ich bin wie ein Tier im Käfig. Ich will Fleisch! Am Tisch ist es gewohnt laut. Nicole schreit zu Monika, die am anderen Ende auf ihren Fraß starrt. Brigitte verzieht die Mundwinkel nach unten. Sie sieht aus wie die graue Schwester von Angela Merkel. Sabine redet mit Tilly über ihren Ex-Mann. Sie betont, dass er ein mieses Schwein ist. Tilly nickt, lächelt, kaut. Am Tisch wird alles durchgekaut. Immer wieder durchgekaut. Nach dem Essen lege ich mich hin, verpenne den ganzen trostlosen Nachmittag. Stehe erst wieder zum Abendessen auf. Es gibt wie immer bunter Brotkorb mit Wurst und Käse. Ich kann es nicht mehr sehen, träume von Gyros mit Fritten. Brigitte und ich gehen später raus zum alten Kloster. Dort steht die Zeit still. Wir setzen uns auf eine Bank am Waldrand. Eine streunende Katze besucht uns. Sie sieht uns erwartungsvoll an. Brigitte holt ein Stück Wurst aus ihrer Tasche. Sie gibt es der Katze. Die beiden kennen sich also schon. Ich sage, dass ich Katzen nicht leiden kann. Bei uns zu Hause wurden die Viecher immer besser behandelt als wir Kinder. Brigitte mag dafür keine Frösche. Wir lachen, schauen uns den Abendhimmel an. Brigitte bricht die Stille. Sagt, dass sie endlich sterben möchte. Die Todessehnsucht lässt sie nicht los. Was soll das für ein Leben sein ohne Alkohol? Sie ist doch schon Rentnerin und darf jetzt nicht mehr trinken? Sie versteht die Welt nicht mehr. Ihr Mann kommt sie oft in der Klinik besuchen, muntert sie auf. Das stachelt Brigitte immer zum Streit an. Er geht dann immer ratlos nach Hause bis zum nächsten Besuch. Ich weiß darauf auch keine Antwort, nur dass ich sie verstehen kann. Meine Mutter fragte mich als Kind, ob sie mich erschießen oder ertränken soll. Ich soll es mir aussuchen. Ohne meine Schwester und mich sei sie besser dran. Aus ihr sprach der blanke Hass. Ich verstand einfach nicht warum sie mich nicht liebte. Mit Dreizehn beging ich meinen ersten Selbstmordversuch mit Alkohol und Codein. Nach einer Horrornacht mit Kotzen, Atemnot, Krämpfen, fand mich Vater in der Früh verschwitzt und vollgekotzt am Boden meines Zimmers. Ich fühlte mich wie lebendig begraben und hatte einen Heulkrampf, weil ich noch am Leben war. Mutter kam dazu, beschimpfte mich wüst. Vater schrie, dass ging ihn nichts an. Er lief einfach weg. Mutter zerrte mich auf die Beine. Ich musste mich anziehen. Sie fuhr mit mir zum Arzt. Im Auto musste ich mir Vorwürfe anhören. Kein Funken Verständnis, nur Wut. Der Doktor untersuchte mein Herz, ob es nach der Aktion geschädigt war. Er schimpfte mich eine verzogene Göre. Wenige Tage später saß ich beim Psychiater. Der riet zu einem stationären Aufenthalt auf der Reichenau in der geschlossenen Psychiatrie. Meine Eltern lehnten eine Einweisung ab. Was dachten denn die Leute im Dorf wenn ich plötzlich nicht mehr da sei? Eine Beerdigung wäre für alle das kleinere Übel. Die Dorfgemeinschaft hätte Mitleid. Die armen vom Schicksal gefickten Eltern. Nein, ich sollte mich gefälligst zusammenreißen und kriegte für immer Hausarrest. Keine weitere Diskussion! Ich hatte, wie alle in dieser Familie, zu funktionieren. Meine innere Leere kompensierte ich jetzt nur noch mit Schmerzmittel und Alkohol. Ich trampte heimlich nach Radolfzell. Dort ging ich nach der Schule ins Pub. Ältere Männer luden mich auf Schnaps und Bier ein. Ich wusste nicht wie ich diesen Alltagswahnsinn bewältigen soll. Es war kein Ende in Sicht.

Es dämmert, die Dunkelheit fällt im Sekundentakt. Wir gehen zurück in die Klinik. Sind schweigsam, jede für sich, im Gedankenchaos versunken. Hilflos, ratlos, verzweifelt, tristen wir unser Dasein in einer Parallelwelt. Wie soll es weitergehen nach der Zeit in der Klinik? Zurück in den alten Trott, jeden Tag die gleiche Scheiße. Das Überleben in der Masse ist mein Alltag, lässt mein Herz erkalten. Es fühlt sich so sinnlos an. Zurück im Haus, herrscht dort Hochbetrieb. Abends gammeln die meisten Frau zum Karten spielen um die Tische, schlagen ihre Zeit tot. Andere unterhalten sich über ihre Kinder, zeigen sich gegenseitig Fotos, die sie im Geldbeutel mit sich tragen.

Zweimal die Woche wird Tatort im Fernsehzimmer geschaut. Es ist immer überfüllt mit Frauen und deren Gestank. Neben mir sitzt Alba mit grässlich stinkenden Hufen. Das Fenster muss trotzdem geschlossen bleiben, weil es sonst zieht. Christel hustet unentwegt. Sie kotzt sich dabei ihre Raucherlunge aus dem Leib. Tina pennt wie gewohnt in den ersten fünf Minuten weg. Wir schließen Wetten ab wer der Mörder ist. Es geht um heiße Ware wie Kuchen, Eis, Zigaretten. Kurz vor zehn Uhr ist der Abend für uns zu Ende. Wir müssen zurück in unsere Zimmer. Die Nachtschwester kommt immer pünktlich zur Bettenkontrolle. Morgen löse ich meinen Gewinn ein. Meine Diabetes freut sich über ein Stück Kuchen. Schlafe wie gewohnt unruhig ein. Ich träume, wie ich mit großem Hut, Sonnenbrille, in einem Chanel-Kostüm auf einem roten Plastikstuhl unter einer Pergola sitze. Ich bin allein, trinke Champagner, proste vorbeigehenden Passanten zu. Ich liebe es, leicht einen Sitzen zu haben. Genieße den lauen Sommer ohne lästige Verpflichtungen. Ein junger Mann fragt, ob er mir nachschenken darf. Hebe mein

Glas, nicke ihm mit einer kleinen Bewegung zu. Er sieht mir dabei direkt hinter meine Sonnenbrille in die Augen, macht mir ein Kompliment. Nie habe er eine schönere Alkoholikerin gesehen. Lächelt einladend, geht weiter, schlendert hinter eine hohe Mauer. Dahinter ist es dunkel, unheilvoll. Ich will nichts davon wissen, bleibe reglos sitzen. Meine Aufmerksamkeit, kriegt jetzt ein bunter Cocktail, der mir gereicht wird. Dann ist mein Traum schon wieder zu Ende. Im Wachzustand habe ich den Geschmack von Wodka auf der Zunge. Mein Körper reagiert, als hätte ich tatsächlich getrunken. Ich habe Suchtdruck, die totale Gier im Kopf. Schlafe erst Stunden später wieder ein. Am nächsten Morgen stehe ich verschwitzt mit einem Kater auf. Schleiche ins Bad, vom Bad runter zum Frühstück. Am Tisch wird mit Geschirr geklappert. Sabine fragt mich mehrmals, ob ich gut geschlafen habe. Erwidere ihr, dass sie die Schnauze halten soll. Sie sieht mich beleidigt an, nennt mich ein dummes Arschloch. Dann ist Ruhe, alle schauen auf ihre Teller. Wir haben heute Früh Spüldienst. Die Krähen meckern, wer was machen soll. Es wird nicht lange palavert. Ich stehe an der Spüle, schiebe die Scheiße in die Maschine, Brigitte und Sabine trocknen die Scheiße ab, die Monikas wischen die Tische, kehren den Saal, Nicole und Julia spülen die unhandlichen Behälter, Tilly versorgt die sauberen Sachen mit ihrer gewohnten Gelassenheit in die Schränke. Während der Arbeit wird gemeutert, keine hat Bock auf spülen, polieren, putzen. Caroline steht mitten in der Spülküche, singt lauthals Seemannslieder. Ihr ist die Laune nie zu verderben. Wir halten uns ran. Im Anschluss ist Gruppensitzung. Endlich sitzen alle auf ihren Fettärschen im Stuhlkreis. Unsere Gesprächstherapeutin Frau P. begrüßt uns wie immer mit, guten Morgen meine Damen. Heute muss ich meine Suchtbilanz halten. Dazu habe ich kaum Lust. Viele Frauen machen daraus eine Lebensbeichte, können schon Wochen vorher nicht schlafen. Ohne die Bilanz darf niemand auf Heimfahrt gehen. Ich fange an zu lesen, alle sehen mich gelangweilt an.

Suchtbilanz von Marla Singer: Ich war sechs Jahre alt, als ich meine erste Zigarette rauchte. Als ich hustete, meinte meine Cousine ich sollte mich nicht so blöd anstellen, sonst gehörte ich nicht dazu. Das wurde mir von meiner Familie in den kommenden Jahren täglich verankert. Mal verbal oder mit Schläge. Die Familie meines Vaters hatte folgenden Leitspruch: Bist du für uns? Oder bist du gegen uns? Meine Mutter hingegen gab mir die Wahl zwischen sterben und sterben. Ihr Lieblingssatz lautete: Soll ich dich ersaufen oder erschießen? Such es dir aus! Ich lernte schnell, dass es im Leben nur Schwarz oder Weiß gibt. Dazwischen gibt es nichts. Kompromisse sind immer faul, nur was für Schwächlinge und Schwuchteln. Mein Vater war Vorarbeiter in einer Fabrik. Er arbeitete immer Spätschicht, damit er dem heimischen Terror entfliehen konnte. Er zog sich aus aller Verantwortung heraus. Vater gab alles in die gewalttätigen Hände von Mutter. Das Geld, das Haus, die Kinder. Seit ich denken kann, entzog er sich mit seiner Ignoranz. Mutter kam aus einem Geschäftshaushalt. Die Hochzeit mit ihm war eine Trotzreaktion, weil ihr konservativer Vater gegen diese Verbindung war. Zu Großvaters Lebzeiten durfte die Ehe nicht geschieden werden. Ich war das erste Kind von Zweien. Meine Schwester war nur ein Jahr jünger als ich. Mutter spielte uns ständig gegeneinander aus. Keine von uns genügte den Wünschen der Eltern, der Großeltern, der Tanten, der Onkel. Jeder hatte ein Auge auf die

24

anderen. Privatsphäre war ein Fremdwort. Wir wohnten auf dem Land, der Halbinsel Höri. Bei meinen Großeltern väterlicherseits trafen sich die Frauen der Familie jeden Tag nach Feierabend und tranken Sekt. Wir Kinder waren immer dabei und saßen mit am Tisch. Meine Tante reichte mir zum ersten mal ein Glas Sekt. Als ich den Alkohol ablehnte, wurde ich von allen ausgelacht. Ich sei wohl was Besseres als sie. Meine Großmutter sagte, ich sei doch ein großes Mädchen. Alt genug für einen kleinen Sekt. Ich fühlte mich komplett überfordert. Hatte eine Scheißangst ausgeschlossen zu werden. Ich war also zehn Jahre alt als ich meinen ersten Rausch erlebte. Bei einem Glas blieb es natürlich nicht. Mit Zwölf trank ich regelmäßig nach der Schule. Fuhr mehrmals die Woche nach Radolfzell. Dort ging ich ins Pub. Trug enge Jeans, hochhackige Stiefel, die ich von meiner Tante geschenkt bekam, toupierte mir die Haare zur Mähne, schminkte mich auf älter. In all den Jahren wurde ich nie nach meinem Ausweis gefragt. Mit lauter, frecher Schnauze, kam ich überall durch. Schnorrte mich durch die Läden, trieb mich auf den Straßen herum. Ging am Bahnhof ins Kebap-Haus. Ass Döner, trank Raki, spazierte weiter auf ein Glücksspiel in die Spielothek. Dort kannte man mich bereits. Ich war stets gerne in schlechter Gesellschaft bei Straßenpunkern, Obdachlosen, Dealern, Nutten, Dieben und anderen Verlierern, die keiner haben wollte.

Bei einem Schüleraustausch in Frankreich haute ich dort ab. Wollte am Atlantik bei meiner Gastfamilie bleiben. Zuerst wollte ich mich bei einer Drogenbekanntschaft verstecken, warten bis der Bus nach Deutschland abfuhr. Natürlich wurde ich am Hafen in einem Fastfood-Laden aufgegriffen, musste wieder zurück nach Deutschland. Das was Heim kehrte, war nur meine sterbliche Hülle.

Ich fühlte mich innerlich tot. Starrte während der Fahrt aus dem Fenster, weinte lautlos in mich hinein. Mein Herz hatte sich unwiderruflich verdunkelt. Ich spürte, wie meine Seele, Stück für Stück starb, sich von mir ablöste. Ich musste es nüchtern aushalten.

Der Alltag ging weiter. Meine Eltern waren wütend über mein unreifes Verhalten. Von Mutter gab es Vorwürfe und Schläge, von Vater kam wie immer nichts. Oft trank ich, schon in der Früh auf dem Schulweg Bier. Manchmal auch heimlich in der Schule. Es hatte keine Konsequenz. Als ich auf dem Schulhof mit Dope dealte, bekam ich eine Anzeige, doch keinen Schulverweis. Dann bedrohte ich einen Lehrer vor der Klasse mit einem Jagdmesser. Erhielt nicht einmal einen Eintrag ins Klassenbuch. Ich kam mit allem durch. Die Autorität hatte mich bereits aufgegeben. In meiner Stammkneipe brach ich mit einer Alkoholvergiftung zusammen. Vollgekotzt, bewusstlos, lag ich eingekeilt zwischen Bretterwand und Kloschüssel. Zwei Bekannte hievten mich dort raus, trugen mich zum Bahnhof. Im Bus musste ich wieder kotzen. Keiner sagte was. Die wenigen Passagiere sahen beschämt weg. Es herrschte stinkende Stille im Bus. Schlief ein, verpasste nur knapp meine Haltestelle im Dorf. Der genervte Busfahrer schmiss mich dort fluchend raus. Ich fiel längs hin, schlug mir beide Knie auf. Blieb an der Haltestelle liegen bis die Dämmerung den Himmel verdunkelte. Ich kam nicht mehr hoch. Kraftlos wankte ich Stunden später zum Elternhaus. Kroch auf allen Vieren die Treppe nach oben ins Bad. Kotzte nur noch Galle und Schaum. Mutter stand in der Tür, beschimpfte mich. Irgendwann verschwand sie, überließ mich meiner selbst. Ich schlich in mein Zimmer, spielte Hells Bells von AC/DC auf meiner Funzel ab. Dann legte mich mit Klamotten ins

Bett. Ich war deprimiert, traurig, voller Zorn gegen mich, gegen die Welt. Dachte ans Sterben, begleitet von einer tiefen Sehnsucht nach Stille und Frieden. Heulte über Tage, konnte nicht damit aufhören. Es schmerzte mich dieses Weinen. Es war zu nichts gut. Ich sah raus, der Bodensee lag dunkel vor mir. Ich wollte nur noch raus aus diesem Kaff, weg von der erdrückenden Enge, den neugierigen Nachbarn, den dampfenden Misthaufen, der versoffenen Familie. Dann starb Großvater zu Hause an Krebs. Wir verharrten bis zum letzten Atemzug bei ihm. Die Familie war traumatisiert. Über seinen Tod wurde nie gesprochen. Jeder blieb mit der Trauer für sich allein. Niemand tröstete mich, niemand sprach mit mir. Vor einer Woche wurde ich Vierzehn. Zum feiern gab es nichts. Die Stimmung in der Familie war feindselig. Ich wollte in eine Pflegefamilie, doch mein Flehen stieß auf taube Ohren. Mutter sagte, dass mich keiner mag, war allein meine Schuld. Ich kriegte keinen Bissen mehr runter, hungerte unter Fünfzig Kilo ab. Trank regelmäßig Wodka, schluckte große Mengen Schmerzmittel gegen meine Rückenschmerzen.

Zwei Jahre später, ich war bereits sechzehn, zog mein Vater aus dem Elternhaus aus. Die Scheidung lief. Mutter brüllte, ich soll auch verschwinden. Ich zog gleichzeitig zu einem zwölf Jahre älteren Mann, den ich gerade mal zwei Wochen kannte. Er war Alkoholiker, Spieler, vor allem aber ein pathologischer Lügner. Wir lebten drei Jahre zusammen, zogen in der Zeit mehrmals um, weil wir die Miete prellten. Die Gerichtsvollzieher, die Bullen gingen bei uns ein und aus. Mein Freund etablierte mich im Rocker Milieu. Wir lebten meist von Diebstahl, Hehlerei und Versicherungsbetrug. Das erbeutete Geld versoffen wir gemeinsam. Den bitteren Rest verspielte er.

Ich verschuldete mich immer mehr. Unsere Beziehung war geprägt von Misstrauen, Eifersucht, Zorn, Gewalt, Hass. Nebenbei machte ich beim Dorfzahnarzt ganz bürgerlich eine Ausbildung als Zahnarzthelferin. Da mein Lehrgeld nicht ausreichte, ging ich abends putzen und im Gasthaus Teller waschen. Ein Bandscheibenvorfall ließ nicht lange auf sich warten. In den folgenden Jahren fand ich mich in vielen Rehakliniken wieder. Aus mir war eine chronisch kranke Schmerzpatientin geworden. Ich nahm regelmäßig Valoron. Zusammen mit Schnaps schoss ich mich nur noch ab. Über meinen Alkoholkonsum machte ich mir nie ernsthafte Gedanken. Die Medikamente betäubten meinen körperlichen, den seelischen Schmerz. Die Tage und Nächte vergingen im Rausch. Nach drei rastlosen Jahren endete meine Beziehung mit falscher Liebe und echtem Hass. Bei einem Streit im Auto wollte er uns beide totfahren. Er raste im Suff den anliegenden Schienerberg rauf, wollte uns von der steilen Böschung stürzen. Wir kämpften während der Fahrt, am Ende war er doch zu feige es zu tun. Jeder ging ab sofort seiner Wege. Ich ausgebrannt, pleite, zurück in mein Elternhaus. Er in den Knast.

Ich bestand meine Lehre mit Abschluss, arbeitete nun mehr schlecht als recht in meinem Beruf. Nachts lebte ich im Milieu einer Parallelwelt. Wodka, Codein, Zigaretten waren mein bester Freund. Gegen Marihuana hatte ich auch nichts einzuwenden. Irgendwann zwischen Suff und Kater, war ich den verhassten Job als Zahnarzthelferin los. Ich wurde wegen Trunkenheit im Dienst gekündigt. Dabei dachte immer, meine Trinkerei fiel niemandem auf. Der Alkohol gehörte zu mir, wie Arsch und Titten. Die Kündigung war meine große Erlösung von Karies und Bohrer. Ich war innerlich getrieben, immer ruhelos, ständig gereizt. In den nächsten Jahren, folgten, viele unschöne Männerbekanntschaften, viele schlecht bezahlte Jobs. Ständig arbeitslos, zum Arbeitsamt, arbeitsunfähig, wieder in Reha wegen einem neuen Bandscheibenvorfall. Daheim wütete meine verrückte Mutter. Sie drohte mit Tod und Teufel. Mein Vater hatte wieder geheiratet. Er zog mit seiner zweiten Frau nach Kroatien in die Berge. Wie immer weit weg vom Höllenschlund. Dann heiratete Mutter auch wieder und fokussierte sich auf ihren neuen Mann. Die Wochenenden verbrachte bei meiner Cousine. An einem Sonntag, nach einem Fernsehgottesdienst, richtete mein Onkel seinen Revolver auf uns. Er drohte zuerst meine Tante, meine Cousine, dann mich zu erschießen. Seitdem ging ich dort nicht mehr hin. Ich musste meiner Tante hoch und heilig versprechen mit niemandem darüber zu reden. Ich hatte eine Scheißangst, schwieg wie ein Grab. Die Eltern einer Schulfreundin gaben mir Obdach. Sie stellten keine Fragen. Meistens war ich jetzt dort. Ich ging kaum noch Heim.

Meine Männergeschichten waren weiterhin laut, exzessiv, hässlich, unheilvoll. Ich war eine hartgesottene Trinkerin. Mittlerweile verschrieben mir die Ärzte wegen der chronischen Rückenschmerzen das Betäubungsmittel L-Polamidon. Ich nahm für ganze neun Jahre Morphium mit weiteren Schmerztabletten und Abführmittel ein. Ich lebte mit einem neuen Mann in Freiburg. Es war der Winter 2002. Mein neuer Freund studierte dort Lehramt, trank regelmäßig Unmengen Bier mit seinen versoffenen Kommilitonen. Mit viel Mühe hatte ich endlich einen Tankstellenjob ergattert. Es war immer viel Arbeit für wenig Geld. Die Kundschaft war meist gemein. Ich war nun mittlerweile Anfang Dreißig. Im Jahr 2005, nachdem mir der Tankstellenjob gekündigt wurde, ließ ich mich freiwillig in eine Psychosomatische Klinik einweisen. Mein Freund war froh, dass ich Stück für Stück aus seinem Leben verschwand. Ich blieb für drei Monate drin, dann wurde ich ohne Aussicht auf Therapieerfolg wieder entlassen. Meine Depressionen machten mich fertig. Ich vegetierte ein weiteres Jahr in der Wohnung vor mich hin. Soff und kiffte. Mein Freund machte mir ordentlich Druck, da ich sein Studium mitfinanzierte. Das Geld war mehr als knapp. Also suchte mir eine neue Arbeit. Ich nahm an einem Call-Center Seminar teil. Überzeugen konnte ich zwar nicht, kriegte aber trotzdem eine Teilzeitanstellung als Telefonistin in einem Software Unternehmen. Mein Freund ließ mich jetzt immer öfter an den Wochenenden allein zu Hause sitzen, während er zu einer anderen Frau ging und sich vergnügte. Die wurde schon nach kurzer Zeit von ihm schwanger. Sie mieteten sich heimlich eine Wohnung. Plötzlich kam er gar nicht mehr nach Hause. Er ließ mich mit der Bude und seinem Krempel sitzen. Erst nach Wochen fand ich heraus wo er jetzt wohnt und karrte seinen ganzen Kram vor die neue Wohnung. Als ich ihn dort antraf, kam es erst zum Streit, dann zur faulen Aussprache. Er fühlte sich schlecht, weil er mich belogen hatte. Es gab kein Zurück mehr. Er war nun mal kein Hauptgewinn, und ich war es auch nicht. Nach fast fünf Jahren Beziehung war das kein schönes Ende. Schon bald kam ein neuer Mann in mein instabiles Leben. Er war wesentlich jünger als ich und drängte mich zu einem Neuanfang. Ich ließ alles mit mir geschehen. Wir zogen in eine neue Wohnung in einen ruhigen Stadtteil.

Es war das Jahr 2007. Ich nahm mir zwei Wochen Urlaub von meinem Telefonjob, machte zu Hause einen kalten Entzug von Alkohol, Morphium, Zigaretten. Es hielt mich eine ganze Woche lang wach. Ich konnte nicht schlafen, schwitzte, fror, zitterte, krampfte, kackte mir die Eingeweide aus dem Leib. Mein Magen fühlte sich an, als hätte ich Rasierklingen gefressen. Es ging mir nüchtern beschissen wie noch nie. Ich blieb konsequent abstinent und hasste es wirklich. Depressionen, üble Schmerzen quälten meinen kaputten Körper bei Tag und bei Nacht. Trotzdem ließ ich mich nicht behandeln. Als es mir endlich besser ging und ich wieder arbeiten musste, verdonnerte mich mein Freund zu mehr Bewegung. Ab sofort musste ich jeden Tag zehn Kilometer mit dem Rad zur Arbeit fahren. Am Abend nochmal zehn Kilometer zurück. Die erste Woche war Tierquälerei. Er dachte, ich gebe auf, ärgerte mich wo er nur konnte. Doch er wurde enttäuscht, jetzt war ich immer bei jedem Wetter mit dem Fahrrad unterwegs. Es machte mir sogar Spaß draußen zu sein, denn ich war allein. Keiner nervte.

Herbst 2009, beendete er unsere Beziehung, wanderte nach Argentinien aus. Er wollte noch wissen, warum ich nicht mitgehe? Ich sagte, es ist dein Traum, nicht meiner. Er reiste ab. Ich suchte mir eine kleine Wohnung. Blieb erst einmal für mich. Nur wenige Monate später kam ein neuer Mann in mein Leben. Schon nach wenigen Wochen standen lautstarke Streitereien an der Tagesordnung. Es war ein böses Machtspiel. Es ging um ewige Loyalität und Eifersucht. Ich sah in seine hasserfüllten Augen, seine Finsternis durchbohrte mich. Seine Hände packten nach mir, suchten in seiner blinden Raserei meinen Hals. Nur Kampf und Geschrei. Am Boden wand ich mich unter ihm. Nach einem harten Schlag in die Fresse ließ er endlich von mir ab. Ich konnte mich befreien. Er blutete, war über meinen Treffer überrascht, wurde weinerlich. Ich nutzte die Gunst des Moments, warf ihn hochkant raus. Diese Beziehung endete wieder einmal mehr mit handfesten Argumenten. Seitdem blieb ich allein. Fing ernsthaft an, mein finanzielles Desaster zu regeln.

Sommer 2012, zog ich in den Stadtteil Vauban in eine Wohngemeinschaft. Noch im selben Jahr legte ich Vaters Familiennamen ab, erhielt eine neue Identität. Ich zahlte über 30.000 Euro an die Bank ab und war im Mai 2014 schuldenfrei. Ich hatte in den letzten Jahren wieder exzessiv gesoffen. Es war ein schleichender Prozess. Es wurde mir erst jetzt bewusst. Ich hatte schon wieder eine Arbeitsstelle verloren, weil ich dem Druck nicht mehr standhalten konnte. Ich ging zur Suchtberatung, bat um Hilfe. Ich konnte nicht mehr, beantragte einen stationären Aufenthalt.

Jetzt bin ich in psychiatrischer Behandlung. Nehme zum ersten Mal in meinem Leben Antidepressiva. Es rettet mir das Leben, zumindest das, was davon übrig ist. Ich wünsche mir wirklich eine Wendung zum Guten, einen Sinn für mein nutzloses Leben. So endet meine Suchtbilanz. Alle sind ruhig. Frau P. fordert die Frauen auf, sich zu äußern. Birgit ist die Erste, die ihr Maul aufreißt. Sie ätzt, dass ich eine kalte Frau bin, da ich alles so emotionslos vorlese. Die Monikas nicken zustimmend. Sabine findet mich einfach nur zum Kotzen. Ich schweige, möchte nicht mehr nachdenken, nicht mehr sprechen. Die Vergangenheit schließt trotzdem nicht so schnell mit mir ab. Vom vielen reflektieren bekomme ich Suchtdruck. Wozu diese Quälerei mit Rehabilitation, mit Neuanfang? Es wird sich nichts ändern. Vielleicht bleibe ich eine Zeit lang abstinent. Doch meine Dämonen brauchen Nahrung. Mein innerer Wolf wird wieder erwachen. So war es bisher immer. Dann wird es laut und hässlich. Meine Finsternis kommt zum Spielen heraus.

Nach der Entlassung werde ich nicht besser dastehen. Ich bin in der Realität angekommen. Jeder kämpft für sich allein. Ich versuche ohne neue Probleme durch die Tage zu kommen. Solange ich Hoffnung hab, mach ich weiter. Ich bin immerzu im Zwiespalt mit mir. Will ich krank, oder will ich gesund sein? Immer wieder aufstehen, solange es irgendwie geht. Meine Krankheit ist eine Entscheidung. Beziehe ich Stellung zu mir? Oder lasse ich es bleiben. Dann gehe ich immer wieder zurück in die Suchteinrichtungen, wie ein Tourist auf der Durchreise. Die Frauen reden mittlerweile über andere Themen. Meine Bilanz gehört schon der Vergangenheit an.

Es ist schwül und drückend. Mir steht das Wasser im Arsch. Alle sind froh als die Gruppentherapie endet. Es gibt schon wieder Mittagessen. Danach warten wir auf den Nachmittag. Dann gehen Barbara und ich durch den Wald zum See. Die Schnaken saugen uns aus. Nach zwanzig Minuten Fußmarsch sind wir da. Wir springen gleich ins kühle Wasser. Barbara schwimmt zur Seemitte. Ich lasse mich treiben, gehe erst wieder raus als ich schrumpelig werde. Dann lassen wir uns von der Mittagshitze braten. Barbara erzählt, dass sich ihr Mann nach der Reha scheiden lassen will. Er hält es mit ihr nicht mehr aus. Das sagt er schon seit mehr als zehn Jahren. Jetzt sind seine Koffer gepackt. Sie fühlt sich verraten. Barbara ist eine gut aussehende Frau. Sie ist nicht mittellos, ohne Job. Barbara hat nur keinen Bock auf Veränderung. Das sind Luxus Probleme, die ich nicht kenne. Ich musste es immer nehmen wie es kommt. Wie ein Müllwagen riss ich meinen Schlund auf, schluckte was mir das Leben vor die Füße warf. Glück reichte nie für Zwei. Es ist wahr, mein Mitgefühl für andere Menschen ist nicht sonderlich groß. Ich bleibe auf meiner

Seite, um mich nicht zu verlieren. Mitgefühl lenkt mich vom Wesentlichen ab. Es ist ein einsames Leben. Ich will für niemanden eine Belastung sein. Ich selbst brauche auch keinen neuen Ballast. Das ist nur fair.

Wir kommen mit Sonnenbrand zum Abendessen zurück. Die Abende in der Klinik sind wie gewohnt lang. Beate und ich spielen Tischtennis. Es sind noch andere in der Sporthalle. Ein paar Frauen machen zu lauter Musik Bauch, Beine, Po-Übungen. Die Lesben schauen gierig nach Fleisch zu. Es ist drückend heiß, ein Gewitter zieht auf. Der Donner grollt über uns. Wir spielen, schwitzen noch Stunden weiter bis es wieder Bettzeit ist. Dann rennen wir alle schnell in unsere Zimmer. Später hat sich das Gewitter sich wieder verzogen. Ich gehe duschen. Danach betrachte ich mich nackt im Spiegel. Alt bin ich geworden, verbraucht. Es stört mich nicht, ich möchte keine Zwanzig mehr sein. Ich möchte auch nicht mehr so aussehen. Gutes Aussehen macht nur Ärger. Es lockt die Kerle an wie Hunde. Nie ist Ruhe. Doch das ist jetzt anders. Ich bin kein junges Mädchen mehr. Ich möchte in Würde älter werden und sterben. In dieser Nacht schlafe ich tief. Meine Zimmernachbarin reklamiert, dass ich laut schnarche. Der Morgen kommt, es ist Mittwoch. Heute gibt es Frühstücksei. Die Frauen holen sich gleich mehrere und horten die Eier. Tilly zieht die Nase kraus, wieder mal zu hart, zu trocken. Da es aber nur einmal die Woche Ei gibt, drücken wir es uns hinter die Kiemen. Brigitte flucht auf schwäbisch, während sie ihr Ei aus der Schale puhlt. Julia sammelt sämtliche Eier und steckt sie alle in ihre Tasche. Es ist ein auffallender Leinenbeutel mit dem Aufdruck: „Hier ist die Pool Party!" Julia steht nachts immer auf, stopft sich Unmengen von Essen in den Kessel. Sie weiß gar nicht, warum sie hier kein

Gramm abnimmt. Wir haben alle zu viel auf den Rippen. Der tägliche Psycho-Terror macht hungrig. Wer schlank kommt, geht mit mindestens zehn Kilo mehr auf den Hüften wieder Heim. Ich trainiere mehrmals die Woche im Kraftraum, röchel auf dem Stepper, bearbeite den Boxsack, trainiere an den Geräten. Ich pumpe mir die Gedanken aus dem Kopf. Mache mein Gehirn leer. Wirklich gelingt es mir nicht. Ich mache mir ständig über irgendwas Gedanken. Es ist Sommer, Biergartenzeit. Ständig denke ich an meine Freunde in Freiburg, die jetzt gemütlich draußen sitzen, es lustig haben, während ich Kalorien zähle und wie ein Schwein im Kraftraum schwitze. Die Lesben trainieren mit mir hart am Limit. Das sind richtige Schränke, die sehen aus wie Männer. Da fehlt nur noch der Dreitagebart. Nach dem Sport gehe ich mit Hermann Hesse und dem Steppenwolf auf die Terrasse. Kaum habe ich das Buch aufgeschlagen, stürmt Christine, eine überspannte Kuh, auf mich zu, schreit was von miesen Schlampen. Sie wird von einer der Monikas gemobbt. Sie ist total verdreckt, mit wilden Haaren. Am Raucherpavillon gab es bereits eine Eskalation mit den beiden. Die anderen Frauen heizen den Streit auch noch absichtlich an. Das ist für alle eine nette Abwechslung im kargen Klinikalltag. Monika fällt über Christine her, tritt ihr in den Bauch. Die fällt auf den Kies, steht wieder auf, schlägt Monika die Frontzähne raus. Dann kehrt für einen kurzen Moment Ruhe ein. Alle Pfleger stürmen nach draußen, sammeln die Furien, dann die Zähne ein. Christine muss ihre Koffer packen. Sie fliegt noch am selben Tag hochkant raus. Monika ist ganz benommen vom Schlag. Sie hat noch nicht wirklich realisiert was passiert ist. Der Krankenwagen kommt, nimmt sie mit. Erst Tage später ist Monika wieder mit geschwollener

Fresse bei uns am Tisch. Sie kann ihr Essen nur mit dem Strohhalm zu sich nehmen. Ein Frontzahn fehlt ganz, der andere ist zur Hälfte abgebrochen. Monika sieht sehr demoliert aus. Sie jammert, so kann sie doch nicht unter die Leute gehen. Ist doch scheißegal, beschwichtige ich. Die Weiber haben sich schon an ihren Anblick gewöhnt. Monika winselt, dass sich ihr Mann jetzt schon über die Zahnarztrechnung aufregt. Sie braucht gar nicht erst nach Hause kommen. Ich sage ihr, dass sie selbst schuld ist. Sie hat sich nun mal mit der falschen Bitch angelegt. Die anderen Frauen nicken im Gleichtakt.

Katja, eine Neue, stößt zu unserem Blumen Team hinzu. Jetzt sind wir das lustige Pflanzen-Trio. Wir machen die Dekoration für die Cafeteria und den Empfangsbereich. Beate hat keine Nerven zum Blumen pflücken. Sie gräbt derweil die Beete um und jätet das Unkraut. Katja hat viele kreative Ideen, die sie ausgiebig mit mir diskutiert. Sie trägt am liebsten roten Lippenstift, schwere Stiefel und einen grünen Parka. Zusammen sehen wir aus wie die unlustigen Schwestern von Camila Parker-Bowles. Beim Waldspaziergang findet Katja eine leblose Unke. Sie nimmt einen kleinen Ast, pickt es vorsichtig an. In dem Moment erwacht das kleine Tier abrupt aus seiner Totenstarre. Flieht vor unserem Anblick, ins Unterholz. Katja kreischt vor Schreck auf, fällt auf den Arsch in den Dreck. Ab sofort heißt unsere Neue: Kühlwalda.

Frau B., unsere Arbeitsbetreuerin, wünscht sich für die Räumlichkeiten bunte Herbstdekoration. Es ist erst Mitte August und eine Höllenhitze. Wir haben keine allzu große Motivation. Doch sie duldet von uns Querulanten keine Widerrede. Wir müssen Mais mit Blättergirlanden im ganzen Haus verteilen. Kühlwalda flucht, dass sich Frau B. den Mais in den Arsch stecken soll. Wir lachen blöde. An Arbeit ist heute nicht mehr zu denken. Wir haben nur Scheiße im Kopf. Legen uns draußen auf die Wiese an einen Platz, wo man uns nicht sehen kann und dösen in der Mittagssonne. Kühlwalda erzählt, dass ihr Freund sie aus der gemeinsamen Wohnung geschmissen hat, weil er mit ihrem Alkoholkonsum nicht mehr klar kommt. Beate hat uns entdeckt. Sie legt sich faul dazu. Sie träumt von einem fetten Joint. Beate war bisher als Briefträgerin beschäftigt. Da musste sie mit niemandem reden und hatte ihre Ruhe. Kühlwalda hat nach dem Abi gejobbt. Sie hat es beruflich zu nichts gebracht. In all den Jahren war sie zu sehr mit sich selbst beschäftigt. Wir warten wie immer auf Vier, bis wir raus in die Stadt können. Als wir eintreffen, sind andere Patientinnen schon da. Sie haben alles mit Einkaufstüten belagert. Zwei Hühner kriegen sich wegen einem Mann aus dem schwäbischen Love-Chat in die Haare. Alle warten gespannt auf eine Schlägerei. Der Kellner, kommt zu uns raus, ermahnt die Frauen zur Ruhe. Letztendlich fliegen doch die Fetzen. Er wirft beide hochkant unter lautem Gegröle raus. Am nächsten Tag ist eine von ihnen verschwunden. Nur eine kurze Nachricht liegt auf ihrem Bett. Sie hat die Reha geschmissen, und ist zu dem Kerl aus dem Chat gezogen. Böse Zungen behaupten, dass sie jetzt für ihn auf den Strich geht. Ich gehe später zum Pumpen in den Kraftraum. Kühlwalda und Beate verzichten. Die Lesben trainieren wieder bei lauter Musik. Werde mit einem kaum sichtbaren Kopfnicken begrüßt. Ich bearbeite den Boxsack, schlage hart zu. Innere Unruhe macht sich in mir breit. Möchte raus, mich betrinken. Die Gier im Kopf wächst wie ein bösartiger Tumor. Ich kann an nichts anderes mehr denken als ans Saufen. Es macht mich rasend wie ein wildes Tier. Ich will mit dem Schädel durch die Wand. Es tauchen Erinnerungen auf, wie ich damals randvoll mit meinem Freund zu unserer Stammkneipe fuhr, um weiter zu trinken, wie ich es besoffen mit ihm an öffentlichen Plätzen trieb, wie wir stritten, ich ihn mit dem Auto anfuhr, so dass die Nachbarn wegen Ruhestörung die Bullen riefen. Das ist alles lange her und trotzdem immer noch hier bei mir.

Meine erste Heimfahrt steht an. Ich drücke mich davor. Ich will nicht nach Hause ins Elend. Freiburg macht mir Horror. Ratlos, rastlos, tatenlos, überfordert ziehe ich mich in mein Zimmer zurück, schlafe über Stunden. Tauche in unüberbrückbare Gewässer ein. Das Nass ist kalt, tief, schwarz. Ich kann den Grund nicht sehen. Es zieht mich langsam runter in mein nasses Grab. Sehe die Hand vor Augen nicht. Wasser füllt meine Lungen, ich lasse es zu. Sterbe aber trotzdem nicht, es wiederholt sich alles. Wiederholung ist die Hölle. Schreie lautlos in die dumpfe Tiefe. Ich wache schweißgebadet auf. Was für ein wunderbares Ende für einen trostlosen Albtraum. Es gibt schon wieder Abendessen. Ich gehe die Treppen nach unten in den Speisesaal. Beim Betreten rückt das laute Stimmengewirr immer mehr in den Hintergrund. Ich bin immer noch in meinem Film. Nicole spuckt Gift und Galle über den Esstisch. Tilly lächelt auf ihren Brotaufschnitt. Brigitte knurrt in Richtung Nicole. Die Monikas machen abfällige Bemerkung über uns alle. Julia stopft für die Nacht die Tasche voll und ich halte mich aus allem raus. Nach dem Essen suche ich das Schwesternzimmer auf. Ich möchte reichlich Omeprazol gegen meinen übersäuerten Magen, bekomme aber nur eine lächerliche Kapsel. Sehr unzufrieden, unter tausend Flüchen, schickt mich die Schwester wieder weg. Eine

Stunde später gehe ich ihr wieder auf die Nerven. Nachdem sie mich sechs Mal weggeschickt hat, gibt sie mir doch noch eine. Sie will mich jetzt aber nicht mehr sehen. Andere warten auch auf ihre Abendmedikation. Ich sei nicht alleine in der Klinik. Das ist mir gar nicht aufgefallen, sage ich mürrisch. Angelika, eine der Frauen in der Warteschlange, ruft mir zu, dass ich Dreckstück endlich verschwinden soll. Ich zeige ihr den Stinkefinger. Später ist großes Kino angesagt. Babette möchte einen Kunstfilm zeigen, aber die Frauen sind nicht dafür zu interessieren. Sie wollen entweder das Traumschiff oder Tatort schauen. Ich sitze mittendrin, amüsiere mich über die Debatte. Hier drinnen sind solche Angelegenheiten von enormer Wichtigkeit. Die Fernseh-Mafia bestimmt, was geschaut wird. An uns kommt keine vorbei. Als Don lasse ich gönnerhaft über das heutige Filmprogramm abstimmen. Stinke-Alba ist ebenfalls ein respektiertes Mitglied. Sie möchte Tatort sehen. Dann gibt es noch Vieraugen-Sissi. Ihre Brillengläser sind so dick wie Flaschenböden. Sie kann Kunst nicht ausstehen, möchte auch Tatort schauen. Ich, Fett-Marla stimme meinen Bitches zu. Der vierte Don ist die schwarze Sau. Die heißt so, weil sie den ganzen Tag Lakritze gegen ihren Suchtdruck frisst. Sie zeigt uns ihre Zustimmung, durch eine kaum sichtbare Handbewegung. Es wird zwar gemeutert, doch am Ende siegt die Tradition. Alle fügen sich dem vierköpfigen Gremium. Der Glotzomat wird feierlich eingeschaltet. Auch die, die nicht schauen wollen bleiben sitzen. Die Mafia hat die beiden Sofas und alle Sessel in Beschlag genommen. Ich throne mit der Fernbedienung auf meinem Lieblingsplatz. Habe den besten Überblick über mein Reich. Der Pöbel verteilt sich breitärschig auf dem ganzen Boden. Chipstüten werden aufgerissen, Coladosen herumgereicht. Von allen Seiten knuspert, knistert, raschelt es. So kann es, von mir aus immer bleiben.

Das Wochenende steht vor der Tür. Da ist es ohne Therapie immer besonders langweilig. Natürlich gehen viele raus in den Ort. Die kein Geld haben, müssen in der Klinik bleiben. Das sind nicht wenige. Die sammeln sich in der Cafeteria, spielen wie immer Karten. Frauen, die aus dem Knast hier sind, haben alle meist nur 180 Euro im Monat zum überleben. Keine ist schuldenfrei. Die Gläubiger stehen Schlange, wie die Freier vor dem Puff. Wer einer Geld leiht, sieht es nie wieder. Melden kann man es aber nicht. Geld verleihen ist im Haus verboten. Wer sich nicht daran hält bekommt eine Aktennotiz. Bei drei Aktennotizen fällt ein Dienst für die Allgemeinheit an. Beim vierten Verstoß folgt der Rauswurf. Kühlwalda hat bereits Drei. Sie muss die Liegestühle von der Sauna schrubben. Die sehen grässlich verwittert aus. Sie hat natürlich keine Lust, legt sich erst einmal mit Kippe auf eine der Liegen, lässt die Zeit für sich arbeiten.

Sonntags schaue ich mir mit meinen Bitches ein paar Horrorfilme an. Immer am Wochenende können wir bereits nachmittags ins Fernsehzimmer. Wir machen die Rollos dicht, entspannen im Dunkeln, lassen uns von Monstern, Zombies und Freaks berieseln. Sechs Uhr gibt es kurz Abendessen, dann glotzen wir weiter. Die Ärsche sind platt vom herumgammeln. Aber ich will mich nicht beklagen. Das Wochenende geht schnell vorbei. Montag früh quälen wir uns wieder in die Sporthalle. Später hat unsere Gruppe den unbeliebten Spüldienst. Wie so oft, gibt es untereinander Krach, Caroline pfeift schief, der Rest macht einfach nur stur den Küchendienst. Brigitte beklagt, dass sie Spülhände hat. An der Stelle fällt mir auf, dass schon Totenblumen auf meinen Händen blühen. Nie im Leben habe ich geglaubt, dass ich mal auf die Vierzig zugehe. Ich habe kein Haus, kein Auto, kein Mann, kein Job, kein Geld, kein Kind, keine Schildkröte. Was will mir das sagen? Keine Ahnung. Wenn ich mir meine verkorksten Mitstreiterinnen betrachte, fühle ich mich deswegen nicht schlechter. Es graut mir vor der Zukunft. Momentan lerne ich, dass ich nur einen Tag nach dem anderen leben soll.

Marie kommt von ihrer Heimfahrt in die Klinik zurück. Sie trägt eine große Sonnenbrille. Die nimmt sie nur nach mehrfacher Aufforderung ab. Ihr Freund hat ihr einen fetten Blinker verpasst. Sie hat auch Blutergüsse an den Armen. Er ist sehr jähzornig, unterstellt ihr eine Affäre mit einem rustikalen Schwaben. Das ist fast schon wieder lustig, wenn es nicht so schrecklich wäre. Marie liebt doch nur ihren Freund. Das beteuert sie uns in Endlosschleife. Was wir glauben, ist ja auch egal. Von mir kriegt sie zumindest keine Prügel. Die Lesben scharren sich um Marie, trösten die Arme. Cindy meint, mit einer Frau wäre ihr das nicht passiert. Die anderen Pussys sind ihrer Meinung. Beate kommt aus ihrer Höhle gekrochen und rafft sich zum Raucherpavillon auf. Ich begleite sie nach draußen. Sie möchte wissen, was hier los ist. Warum sind die Schlampen so aufgeregt? Nicht der Rede wert, sage ich. Wir schleppen unsere Kadaver auf eine schattige Bank. Beate pafft in den Himmel. Ich schaue zu, wie sich der Rauch schwerelos auflöst. Im Anschluss habe ich meine erste Stunde Tanztherapie. Wie zu erwarten, hat es mit Tanzen nicht viel zu tun. Wir sind acht Frauen, bewegen uns bemüht in einem zu engen Raum. Die Therapeutin ruft zur Gelassenheit auf. Alle stieren auf den Boden, bloß nicht in ihre Richtung. Ich fühle mich wie ein totaler Loser. Wir sollen unserer Stimme Ausdruck verleihen. Sie fordert uns laut auf: „ICH BIN" zu rufen. Ich bringe keine Silbe aus mir raus, schleppe mich durch die Horrorstunde. Dann sind wir Wasserpflanzen, bewegen uns leicht am Meeresgrund. Zeitlos, schwerelos, grün. Fühle mich gedemütigt. Ich bin jetzt eine wohl gewachsene Alge, gleite friedvoll den Gezeiten entgegen. Ich will hier sofort raus! Aber mit uns Alkomaten kann man es ja machen. Anschließend melde ich mich für weitere Sitzungen am Meeresgrund ab. Die Therapeutin fragt mich betrübt, weshalb ich nicht offen bin für Neues? Ich habe keine Lust mich zu erklären. Ich bin einfach nicht die Frau für leichte Unterhaltung. Stattdessen werde ich zum Meditationskurs im Wald verdonnert und umarme jetzt Bäume. Das macht es nicht wirklich besser, doch scheint es mir das kleinere Übel zu sein.

In der Kunsttherapie male ich einen monströsen Hai mit weit aufgerissenem Schlund, dazu messerscharfe Zähne. Darüber zeichne ich ein flüchtendes Strichmännchen. Es zappelt in den Wellen. Es stellt meine Therapeutin dar. Natürlich bin ich der Hai. Sie ist mein Snäck. Frau C. findet die Zeichnung nicht witzig. Immer so lustig fühle ich mich allerdings nicht. Schwarzer Humor hat mich in den Jahren immer überleben lassen. Das möchte ich nicht einfach aufgeben. Eine Zukunft ohne Alkohol ist mehr als genug. Ich bin wahrlich nicht netter geworden seit ich nicht mehr trinke. Zugegeben, ich bin weniger Paranoid seit ich nicht mehr kiffe. Aber ganz ohne Rausch? Das erscheint mir unwirklich. Eine Auszeit vom Alkohol lasse ich mir ja noch gefallen. Aber nie wieder Schnaps trinken ist wie ein Aquarium ohne Wasser. Ich kann für mich nie die Hand ins Feuer legen. Angst gehört zum Alltag. Ich kann nicht mehr zurück auf Null.

Frau P., meine Bezugstherapeutin, ruft mich zu sich ins Büro. Sie möchte mit mir über die ausstehende Heimfahrt sprechen. Ich will ums Verrecken hier bleiben und nicht nach Freiburg fahren. Am liebsten möchte ich überhaupt nicht mehr zurück. Dort sind alle mir bekannten Straßen, die zu den Bars führen. Es zieht mich an, wie die Motte das Licht. Verrauchte Kneipen, dunkel, stickig, ranzig, mal voll, mal leer. Egal, an der Theke fühle ich mich Daheim. Ich finde leicht neue Kneipenbekanntschaften. Kaputte Männer, die reden wollen. Die sich besoffene Streicheleinheiten von einer Frau suchen. Verlassene, traurige, gescheiterte Männer. Sie trinken sich das triste Leben dort draußen weg. Es sind Männer, die ihren Kopf zwischen große Titten schmiegen möchten. Zurück an Mamis Brust. Sie wollen hören, dass alles wieder gut wird. Doch für die meisten von uns, wird gar nichts mehr gut. Ich behandle solche Kerle mit Verachtung, so wie es nur eine Frau tun kann. Die Typen lassen sich in ihrer Einsamkeit nicht einfach vergraulen. Ich spiele mit ihren angekratzten Egos. Sie saugen jeden kleinen Fetzen Aufmerksamkeit, wie alte verbrauchte Schwämme auf. Manchmal lasse ich einen für mich tanzen. Der letzte Stolz versoffen, machen die Kerle alles was ich will. Ich kann nicht mit einem Mann ficken, mit dem ich Mitleid habe.

Ich muss die Heimfahrt zum kommenden Wochenende antreten. Nicht zur Strafe, sondern nur zur Trockenübung. Mir ist unwohl bei dem Gedanken. Ich packe ein paar Klamotten ein, belade mein Motorrad. Samstag nach dem Frühstück geht es los. Die Frauen entlassen mich mit ihren besten Wünschen. Ich soll keinen Scheiß machen.

43

Ich schmeiße meinen Bock an, fahre los. Die Gedanken kreisen um Freiburg, Alkohol, Suff. Ich möchte mich wieder mal verstecken. Als ich den Stadttunnel erreiche, wird mir flau im Magen. Als mich der Tunnel wieder ausspuckt, bin ich schon auf der Straße zur Innenstadt. Ich fühle mich fremd, fahre zur Wohnung, parke wie gewohnt in der Tiefgarage, nehme den Lift nach oben. Ich schließe die Tür auf und stehe im Flur. Die Küche ist ein beschissenes Schlachtfeld. Es stinkt nach Abfall. Meine Mitbewohnerin hat sich in den letzten Monaten gehen lassen. Sie hat keinen Handstrich in der Wohnung getan. Ich raste aus! Nach einem wüsten Streit verlässt sie die Wohnung und kommt das ganze Wochenende nicht wieder zurück. Ich schleiche durch mein Zimmer. Ich halte es hier nicht aus. Ich muss raus! Alles erinnert mich an meine Zeit vor der Reha. Es widert mich an. Ich möchte sofort in eine meiner Stammkneipen gehen. Dann wähle ich die Telefonnummern von den wenigen Leuten, die ich kenne. Keiner hat Zeit. Nebenbei wird mir bewusst, dass ich niemanden kenne, der nicht trinkt. Eine Kiff-Bekanntschaft erbarmt sich meiner, verbringt etwas Zeit mit mir. Dann besuche ich meine alte Alkoholiker Freundin Sigi. Sie ist mir fremd geworden. Ihr Gesicht wirkt maskenhaft. Sie hat wie immer zu viel Puder aufgetragen. Unsere Begegnung ist unsicher. Wir sind höflich wie zwei Fremde, die nach dem Weg fragen. Sie trinkt Bier, während ich an einem Glas Wasser festhalte. Ich bleibe nicht lange. Meine Bekannte bringt mich am Montag zurück in die Klinik. Ich fühle mich nicht in der Lage mit dem Motorrad zu fahren. Die Fahrt vergeht schweigend. Sie ist gestresst von mir, raucht eine nach der anderen. Als sie mich an der Einrichtung rauslässt, verabschieden wir uns kurz und schmerzlos. Sie fährt gleich wieder ab. Die Frauen erwarten mich schon aufgeregt. Sie wollen gleich alles über meine Heimfahrt erfahren. Ob ich abstinent war? Am feiern? Ob ich Sex hatte? Fragen über Fragen. Ich fauche, verpisst euch! Habe es einigermaßen gut überstanden, muss jetzt erst mal schlafen. Ich melde mich im Schwesternzimmer zum Alkoholtest. Negativ. Ich schleiche in mein Zimmer, verpenne den ganzen Nachmittag. Pünktlich zum bunten Brotkorb, stehe ich wieder von den Toten auf, laufe schlaftrunken nach unten in den Speisesaal. Meine Tischnachbarinnen wollen jetzt alle Details von meinem Ausgang hören. Ich bin erschöpft. Mein Magen ist gereizt. Ich versuche herauszufinden was das für ein Gefühl in mir ist. Dann kommt die Erkenntnis, wie der Teufel auf Stelzen über mich. Mir wird klar, dass ich noch lange kein selbstständiges Leben führen werde. Ich bin enttäuscht über mich selbst, verfalle in stummes grübeln. Die Existenzangst macht sich in mir breit. Angst füllt jede einzelne Faser meines Körpers. Mir ist unwohl, ich möchte raus aus meiner Haut. Ich fühle mich ausgeliefert, wie gelähmt. Wenn ich mich nicht auf ein Leben ohne Alkohol einlasse, sehe ich schwarz für meine Zukunft. Ich beschließe ernsthaft an mir zu arbeiten, auch wenn es sich nüchtern einfach nur beschissen anfühlt. Ich nehme alle Entspannungsangebote wahr, verpasse jetzt keine Therapiestunde mehr. Abends male ich immer öfter. Da habe ich den Kunstraum für mich. Genieße die Ruhe und die Farben. Der Pinsel bewegt sich wie von selbst über das Papier. Es gibt mir ein Gefühl von Wärme. Ich denke an meinen Großvater. Er war Kunstmaler. Als ich noch ein Kind war, verbrachte er viele Stunden mit mir und der Malerei. Er war der einzige Mensch in meiner Familie, der gerne Zeit mit mir verbrachte. Nach seinem

Tod habe ich nicht mehr gemalt. Es war mir unmöglich. Ich war vor Trauer erstarrt. Erst jetzt, nach vielen Jahren, ist es mir ein Bedürfnis. Großvater führt meine Hand, wie früher als ich noch ein Kind war. Ich ziehe mich weiter zurück, meditiere täglich, arbeite an meinem Verhalten. Doch das Fluchen kann ich nicht aufgeben. Es gehört einfach zu mir. Ich fange an aufzuarbeiten. Reflektiere, erinnere mich an längst verdrängte Geschehnisse zurück. Ich schreibe alle meine Gedanken in ein Tagebuch, gehe spazieren, fotografiere in der Natur, um mich nicht wieder zu verlieren, lese bei jeder Gelegenheit. Es sind Bücher über Narzissmus, Alkoholismus, Suchtverhalten, Depressionen, Borderline, Achtsamkeit, Hermann Hesse, Ernest Hemingway, Franz Kafka, Henry Rollins, Charles Bukowski. Ich kann gar nicht mehr aufhören. Mein Gehirn arbeitet konzentriert. Antidepressiva ist ein echtes Wunder für meinen Verstand. Ich kann bei einer Sache bleiben, ohne sofort wieder abzubrechen. Es hilft mir nicht gleich wieder zu flüchten. Ich fasse immer mehr Vertrauen in die Therapeuten, beginne zu verstehen. Mein Geist ist auf die Reise zum Wesentlichen vorbereitet. Ich werde mit meinen Sorgen nicht weggeschickt. Es wird sich um mich gekümmert. Niemand nennt mich dumm. Das ist ein sonderbar neues Gefühl. Ich weiß nicht, ob ich dem Ganzen trauen kann.

Beate bricht die Therapie nach zwölf Wochen ab. Sie hat genug von der Diktatur, den Regeln, von den Frauen, den Therapeuten. Die Leute machen sie verrückt. Sie will ihre Ruhe, sich einen neuen Job suchen, sich über Wasser halten, und das tun was sie immer tut: Überleben. Sie lässt sich nicht umstimmen. Ich bin deprimiert, kann mich nur schwer abgrenzen. Jetzt denke ich selbst über einen Abbruch nach. Frau P. nimmt sich Zeit für mich, gibt mir zu verstehen, dass es meine Entscheidung ist, alles aufzugeben und zu gehen. Ich soll an das denken, was ich bereits für mich erreicht habe. Sie schlägt mir eine Verlängerung in einer Adaptionseinrichtung vor. Ich kann mir diese sogar selbst aussuchen. Ich fühle mich von ihr abgeschoben, nehme es sehr persönlich. Für einige Tage bin ich beleidigt. Dann überkommt mich die Neugierde, schaue mir im Internet erst einmal an was eine Adaption überhaupt ist. Kurz, es soll mich nach dem Klinik-Aufenthalt auf ein abstinentes Leben vorbereiten. Ich finde ein kleines Haus in Husum Nordfriesland. Die Einrichtung hat Platz für zehn Patienten mit langjähriger Suchterkrankung. Das scheint mir das Richtige zu sein. Die Rentenversicherung bezahlt einen Aufenthalt nicht regulär. Die Bewilligung für solche Häuser ist immer eine Einzelfallentscheidung. Frau P. stellt gleich den Antrag. Jetzt heißt es wieder mal abwarten. Die Klinikleitung lädt mich zur Zwischenbilanz vor. Der Direktor lächelt über meine Idee, nach Husum zu gehen. Das wird sowieso nicht bewilligt. Die Rückfallquote sei hoch, ich bestimmt nicht die erste Wahl. Er kann mich nicht entmutigen. Niemand kann mich von meinem Weg zur Genesung abbringen. Niemand außer mir selbst.

Die Tage sind zäh wie frischer Teer. Ich warte auf den Beschluss. Seit Beate weg ist, machen Kühlwalda und ich nur noch zu zweit den Pflanzendienst. Wir schleichen durch die Korridore, reden zwischen dem Grünzeug nur Schrott. Wir züchten neue Ableger von allen möglichen Pflanzen, verteilen diese in den Therapieräumen und den Fensterbänken. Die Klinikmitarbeiter bringen uns ihre vernachlässigten Büropflanzen zum Umtopfen. Gegen unsere Gewohnheit haben wir viel zu tun. Bekommen neue Erde und größere Pötte. Wir pflegen die halbtoten

Bürogewächse. Die Zeit vergeht schweigsam. Ich bin in Gedanken an der Nordsee. Ich will nicht viel vom Leben, aber es ist Zeit für eine Wende.

Der Bescheid kommt nicht. Warten war nie meine Stärke. Je länger es dauert, um so besser stehen meine Chancen auf einen freien Platz im Adaptionshaus. Eine Absage ist doch schließlich schnell geschrieben. Morgen ist mein Geburtstag. Bisher war das immer ein Tag wie jeder andere auch. Doch jetzt bin ich hier in der Suchtklinik, werde hier Vierzig. Es ist ein seltsames Gefühl. Es stimmt mich mutlos. Fühle mich sehr allein. Ich kann mir nicht vorstellen, jemals wieder zu arbeiten. Nicht in diesem Leben. So fühlt es sich an. Abends lese ich ein Buch von Altkanzler Helmut Schmidt. Ich lese über über viele Stunden. Dann werde ich müde, lege mich hin. In mir passiert etwas. Muss ich erst sterben um zu leben? Bin ich mein eigener Totengräber? Ich will keine fette Leiche sein, über die der Bestatter Witze reißt. Schlafe ein. Träume von einer Familienfeier. Wie immer streite ich mit Mutter. Sage der alten Furie die Meinung vor all ihren schicken Gästen. Sie keift mich an, ich bin eine schlechte Tochter, nur eine Schande. Ich schreie mir die Seele aus dem Leib. Es ist ist sinnlos, doch befreiend, auch wenn es nur in meinem Traum stattfindet. Ein neuer Tag bricht an. Die Frauen überraschen mich mit kleinen Geschenken. Brigitte schenkt mir einen Kaktus, von Julia gibt es Süßigkeiten, von Monika einen Kiwi-Teiler, von Caroline einen Haufen Kiwi´s. Dann noch ein Kaktus von Sabine, von Tilly eine Karte. Frau P. bringt mir vom Klinik-Team einen Geburtstagsgruß. Ich bin peinlich berührt von so viel Aufmerksamkeit. Immer mehr Frauen kriegen mit, dass heute mein Geburtstag ist. Ich werde umarmt bis ich den Gratulanten ins Freie entkomme.

Mittags nehme ich das Rad, fahre in den Ort zur Buchhandlung. Ich habe mir ein Buch über seltene Blumen zurücklegen und als Geschenk verpacken lassen. Die Buchhändlerin gratuliert mir mit einer Karte, die sie beigelegt hat. Ich ziehe mich in den kleinen Stadtpark zurück, lese die Karte, packe das Buch aus. In mir macht sich Dunkelheit breit. Mir reicht es für heute, dabei ist erst Mittag. Ich denke an meine Geburt. Mutter sagte einmal, dass ich ein Kaiserschnitt war. Ob meine Familie heute an mich denkt? Wir haben uns lange nicht mehr gesprochen. Ich habe ihre Stimmen vergessen. Ich denke an unser Dorf, an den Bodensee. Manchmal, wenn ich die Augen schließe, höre ich den Klang der Wellen, den Ruf der Möwen. Sehe mich als junges Mädchen mit langen Haaren. Am Dorfbrunnen trafen sich nachmittags die Jugendlichen. Oma arbeitete im Garten, sie winkte mir lachend zu. Urgroßmutter Rosina saß strickend auf einer Holzbank. Der Sommer war meine liebste Zeit. Da konnte ich barfuß gehen, Eis essen, im See baden. Meine Schwester und ich waren jeden Tag im Reitstall. Wir holten unsere Pflegepferde raus, spazierten den Berg hinauf in den Wald, am Friedhof vorbei, raus auf die Lichtung wo die Erdbeerfelder waren. Dort ließen wir uns nieder. Aßen Erdbeeren bis uns der Bauer vertrieb. Es roch nach den Wiesen, Wildblumen, den Obstbäumen. Bienen und Schmetterlinge schwirrten über die Blüten. Wir waren zeitlos. Es waren Sommerferien, die Schule lag in weiter Ferne. So sorglos war es leider selten. Die Alten stritten sich wegen jeder Kleinigkeit. Mutter war grundlegend hysterisch. Vater ein mieser Choleriker. Sie machten mir beide Angst. Wenn sie stritten versteckte ich mich meistens im Schrank und wartete bis es vorüber ging. Ständig setzte es Prügel von Mutter. Ich wusste nie

49

weshalb. Ich konnte nichts richtig oder falsch machen. Das war unerheblich. Mutter schimpfte mich dick und dumm. So liebte mich niemand. Kein Mann wird mich später heiraten. Ich weinte lautlos, um sie nicht noch mehr zu verärgern.

Auch dieser Geburtstag geht vorbei. Tags drauf soll ich in der Gruppentherapie über meine Heimfahrt nach Freiburg berichten. Halte mich kurz. Ob ich getrunken hab, wollen alle wissen. Ja, alles außer Alkohol. Leicht fiel es mir nicht. Ich kann mir eine Rückkehr nicht recht vorstellen. Die Stadt hat sich in den letzten Jahren verändert. Es wird viel gebaut, an Wohnraum mangelt es aber trotzdem. Freiburg platzt aus allen Nähten. Das Leben wird immer teurer. Was soll ich künftig arbeiten? Reicht es für die Miete? Wenn ich realistisch bin, muss ich wieder mehrere Jobs machen. Also Arsch zusammenkneifen, bis zum nächsten Burn-Out. Das ist mein Leben. Keine Eltern, die mich finanzieren. Ich rette mich immer wieder selbst, mache weiter. Es ist freudlos, kraftraubend. Ich stehe auf, solange ich noch kann. Immer wieder aufstehen. Fallen, aufstehen, weitermachen.

Nicole übernimmt jetzt das Wort und benötigt unsere volle Aufmerksamkeit mit ihrem Geplärre. Sie ist außer sich. Ein Haarteil ihrer Extensions fällt auf den Boden. Birgit spricht sie trocken darauf an. Nicole ist es sichtlich peinlich und hebt die Kunststrähnen schnell auf. Frau P. versucht Ruhe in die Runde zu bringen. Es gelingt ihr nicht. Die Ernsthaftigkeit geht verloren. Nicole heult, kreischt, rennt raus. Wie im Kindergarten, nur dass wir ausgewachsene Bestien sind. Wir lenken das Thema jetzt auf eine gemeinsame Aktivität um. Wir möchten am Nachmittag grillen. Das wird von Frau P. bewilligt. Die Klinikleitung spendiert das Grillgut. Später, schleppen wir Tische und Stühle auf die Terrasse. Der Grill wird eingeheizt. Alle sind da, nur Nicole sträubt sich. Sie will sich nicht anschließen. Beobachtet uns aus der Ferne. Sie geht fluchend am Feldrand auf und ab. Wir wollen für heute keinen Krach mehr. Die Frauen sitzen entspannt am Tisch. Wie immer, essen alle zu viel. Die Abendsonne sinkt langsam. Die Bauern pflügen noch die Felder. Es riecht nach frischem Heu. Bleiben faul sitzen bis es dunkel wird, dann räumen wir auf. Danach gehen alle ihrer Wege. Ein paar wollen rauchen gehen, andere setzen sich noch ein wenig in die Cafeteria. Schleppe mich nach oben auf mein Zimmer. Meine Zimmernachbarin hat mal wieder lauten Sex. Eine andere hat die Musik aufgedreht. Lege mich hin, schlafe sofort voll gefressen ein, bemerke nicht einmal mehr die Nachtschwester.

Die Rentenversicherung hat sich noch nicht gemeldet. Ich gehe der Verwaltung ständig auf die Nerven, ob Post für mich gekommen ist. Nein, sagt Frau R. vom Büro. Ich drehe ruhelos ein paar Runden um das Klinikgebäude. Eine der Lesben hat Liebeskummer. Ihre Freundin hat Schluss gemacht. Sie will die Reha hinschmeißen. Es wird auf sie eingeredet, zu bleiben. Sie lässt sich aber nicht umstimmen und verschwindet noch am selben Tag. Darja, eine junge Russin, haut auch ab. Nach wenigen Tagen denkt niemand mehr an die Frauen. Es kommen wieder Neuzugänge. Immer wieder Nachschub in die Psycho-Mühle. Das nimmt kein Ende. Ich habe noch nie so viele Suchtkranke auf einem Haufen gesehen, erst recht nicht mit so vielen unter einem Dach gelebt. Ab jetzt sehe ich sie alle regelmäßig. Darja kommt nicht wieder zurück. Ich muss jetzt ihren Job machen, den Waschmarkenverkauf. Immer am Montag und Mittwoch stehen die Frauen bei mir an. Sobald ich die Kasse aufklappe, wird es laut, alle sind überdreht, Streitereien um nichts. Alle sind im Kampf mit sich selbst. Jede auf ihre Art und Weise. Die einen sind nur am heulen, die anderen machen Meditation, gehen joggen, rennen um ihr Leben oder gehen in den Kraftraum zum Gewichte stemmen. Umso länger ich hier bin, je mehr wird mir klar, dass die Suchtklinik definitiv der Anfang vom Ende meines alten Lebens ist. Es gibt für mich kein Zurück mehr. Die Würfel sind gefallen. Es beginnt ein neues Spiel. Der ein oder anderen wird das auch bewusst. Wir machen unsere täglichen Therapien, halten durch. Die es nicht raffen, werden rückfällig, konsumieren heimlich, vertuschen, lügen, isolieren sich. Dann kommt meist der Rauswurf oder sie hauen ab. Ihnen dämmert, dass sie die Chance auf einen richtigen Neuanfang verschissen haben. Sina wird in die geschlossene Psychiatrie verlegt. Sie hat eine schlimme Psychose. Sie verweigert das Essen, flippt aus, hat Angstzustände, redet wirres Zeug. Sie schreit nach einem Schuss Heroin. Gretel, eine ältere Dame mit Rollator, betrinkt sich auswärts mit Jägermeister. Zurück in der Klinik, kotzt sie alles im Eingangsbereich voll. Danach geht sie schnurstracks auf ihr Zimmer. Ihren Dreck darf das Personal wegwischen. Die verfluchen die alte Fledermaus. Sie bekommt einen Dienst für die Allgemeinheit aufgebrummt, den sie aber nicht macht. Ihre Zimmernachbarin Rosi kommt nach einer Heimfahrt einfach nicht mehr zurück. Sie hat ihr komplettes Gepäck zurückgelassen. Gretel telefoniert mit ihr, bekniet sie wieder herzukommen. In diese faschistische Anstalt setzt sie keinen Fuß mehr! Rosi legt auf. Erst Wochen später werden ihre Sachen abgeholt. Ein Junkie geht, ein anderer kommt. Die Neue heißt Uli, eine ungepflegte Hippiefrau in kackbraunen Lederhosen und verfilzten

Haaren. Sie ist schon bei der Begrüßung auf Krawall aus, möchte nur allein sitzen. Das kann ja heiter werden, und es wird heiter. Sie legt sich mit der ganzen Klinik an. Alles dreckige Arschlöcher! In der Gruppentherapie dreht sich jetzt alles um Uli. Sie redet nicht, sie kreischt nur herum. Sie kommt zu keiner Zeit runter, gibt Ruhe. Die kommt leider auch nie auf den Punkt. Ich verlasse spontan die Gruppensitzung, gehe nach draußen. Nutze meine kleine Auszeit, schaue bei der Verwaltung rein. Es gibt Nachrichten aus Berlin. Die finale Entscheidung fällt kommende Woche. Frau R. möchte sich umgehend bei mir melden.

Beate schreibt mir eine trostlose Karte. Sie hat jetzt einen Job als Packerin. Schön ist es zwar nicht, aber das Geld stimmt. Zwischenzeitlich war sie wieder in der Klapse. Jetzt geht es ihr besser. Beate will nicht mehr über sich nachdenken. Sie lenkt sich mit Arbeit ab. Ich schreibe ihr aus dem Exil eine Karte zurück. Abends kommt Tatort. Der Fernsehraum ist gut gefüllt. Ein paar Neue wollen einen anderen Spielfilm durchsetzen. Die wissen noch nichts von der Fernsehmafia. Sie lernen schnell, schon kehrt Ruhe ein. Alle hocken auf dem Arsch, schauen in die Röhre. Die Wetteinsätze laufen auf Hochtouren. Das Leben ist schön. Wer sich drinnen eingelebt hat, kann es sich nur schwer vorstellen draußen zu sein. Haben wir uns erst einmal an die Regeln gewöhnt, ist es einfach und bequem. Ja, so möchte ich es haben, wo es doch bisher immer nur unbequem war. Ich möchte ein großes Stück vom Kuchen. Ich nehme mir immer meinen Anteil, lass mir nie in die Karten schauen. Ist das verwerflich? Ich weiß es nicht.

Endlich! Frau R. erlöst mich. Sie ruft mich zu sich in die Verwaltung. Die Rentenversicherung hat mich tatsächlich nicht vergessen. Die Spannung ist groß. Ich reiße den Brief auf, überfliege die wenigen Zeilen...Sehr geehrte Frau Singer, ihr Antrag auf Kostenübernahme für die Adaption in Nordfriesland ist bewilligt. Wir stoßen beide einen Freudenschrei aus. Das muss ich gleich meiner Therapeutin Frau P. mitteilen und stürme in ihr Büro. Sie umarmt mich strahlend. Jetzt geht es endlich vorwärts. Ich buche gleich mein Zugticket. Beim Abendessen verkünde ich die Neuigkeit. Die Frauen freuen sich mit mir. Sogar die Monikas sind wohl gestimmt. Brigitte drückt mich an sich. Vor Erleichterung rutscht mir mein Herz in die Hose. Schon in zwei Wochen ziehe ich nach Nordfriesland. Ich maile der Adaptionseinrichtung gleich meine Zusage. Mitte Oktober bin ich also an der Nordsee. Freiburg bekommt mich für drei weitere Monate nicht zu Gesicht. Nach jahrelangem Stillstand passiert plötzlich sehr viel. Das Leben hat einen kleinen Fetzen von mir zurück. Ich denke nicht mal ans Trinken. Keine Ahnung, wie lange dieser Zustand anhält. Ich hoffe darauf, dass alles gut verläuft. Die kommenden Tage sind lang. Ich kann es kaum erwarten, entlassen zu werden. Kühlwalda schlägt mit mir die Zeit tot. Abends gehe ich meist spazieren, spiele Tischtennis mit Barbara, gehe in den Kraftraum. Die Lesben machen wie immer ihr Workout. Sie gratulieren mir zur Bewilligung. Die Neuigkeit hat sich schnell herumgesprochen. Mein Abschlussgespräch steht an. Jetzt wird es konkret. Mitte Oktober verlasse ich die Klinik. Am Abend davor werde ich von den Frauen verabschiedet. Es gibt Glückwünsche und Umarmungen. Morgens verlasse ich das Haus, lasse mich mit dem Taxi an den Bahnhof bringen. Der Zug kommt pünktlich. Fahre durch bis Hamburg. Die Landschaft zieht an mir vorbei. Bin in Gedanken überall und nirgends. Ich freue mich auf das, was kommt, bin dankbar für das, was geht. Ich habe meine Reha im Schwabenland beendet. Ohne Rückfall, ohne Abbruch, ohne Aktennotiz, ohne Mord. Trotz Spannungen und Streitereien kann ich abstinent gehen. Erstmal nüchtern für heute.

Je weiter ich in den Norden reise, je flacher wird das Land. Der Horizont ist weit, kein Anfang, kein Ende in Sicht. Ein Gefühl von Freiheit macht sich in mir breit. Abends erreiche ich Hamburg Altona. Jetzt geht es mit der Nord-Ostsee Bahn weiter. Noch zwei Stunden Fahrt bis Husum. Draußen ist es jetzt dunkel. Ich sehe nur noch mein Spiegelbild in der Glasscheibe. Müde Pendler sitzen im Abteil, trinken ihr Feierabendbier. Es ist soweit, ich muss raus. Der kleine Bahnhof von Husum ist verlassen. Ich laufe zum Taxistand. Es ist abends um neun und verdammt kalt. Im Adaptionshaus werde ich schon von meiner neuen Therapeutin Frau W. erwartet. Sie ist hoch erfreut, dass ich nüchtern am Deich angekommen bin. Da sie Feierabend machen möchte, zeigt sie mir schnell mein Zimmer. Das Begrüßungsgespräch findet morgen statt. Wir gehen die Holztreppen nach oben. Das Haus ist alt, es riecht morsch. Mein Zimmer ist klein, hat eine eigene Dusche mit Toilette. Ich setze mich auf die Bettkante. Jetzt bin ich also hier. Packe meine Sachen aus, gehe ins Bett. Verpenne die erste Morgenrunde. Der Sozialarbeiter Herr T. holt mich aus dem Schlaf. Er bringt mich in die Wohnküche. Dort treffen wir uns täglich um acht Uhr. Es sind sieben Männer und mit mir eine Frau. Frau W. stellt mich der Gruppe vor. Das interessiert aber niemanden. Ich sage auch nichts, schaue leer in die Runde. Jeder muss kurz was über sich sagen. Einer hat den Schriftzug „Haudegen" am Hals tätowiert, umrahmt von zwei geballten Riesenfäusten. Die Tätowierung ist sein Stolz, sein Lebensmotto, gibt er mir grimmig zu verstehen. Das Riesenbaby ist Vierzig, Alkoholiker, Spieler, hat eine heiße achtzehnjährige Freundin. Markus lächelt mich mit schlechter Mundhygiene an. Er ist Zwanzig, steht auf Koks. Mag Frauen, die ihm alles bezahlen. Er sieht mich einladend an. Oleg, ein Russe, hebt nur kurz seine Hand zum Gruß. Er ist wenig gesprächig. Er ist auch Vierzig, lebt getrennt, hat zwei Töchter. Die Ehe ist wegen seiner Heroin - und Alkoholsucht gescheitert. Filip stellt sich gleich als schwuler Mann vor. Als wenn ich das nicht schon gesehen hätte. Er trägt eine dicke Brille, ist schlagfertig wie es nur echte Tunten sein können. Er steht auf Ecstasy. Ronny kommt aus Leipzig, verzieht das Gesicht. Neben ihm sitzt Steffi, seine Freundin. Sie kommen beide aus dem Drogenentzug. Dort haben sich die Verliebten auch kennengelernt. Sie wollen in Husum zusammen neu anfangen. Der graue Lothar ist sechzig, stellt sich als Glücksspieler vor. Er ist ein echter Dummschwätzer. Micha ist Fünfundzwanzig, wohnt noch bei Mutti. Als er was über sich sagen soll, schaut er dumm wie Brot. Die anderen machen sich über ihn lustig. Er kapiert nicht, dass die Scherze auf seine Kosten gehen. Mir reicht es jetzt schon. Nach der Morgenrunde rennen alle raus zum Rauchen. Frau W. holt mich in ihr Büro. Sie erklärt mir die Abläufe im Haus, inklusive dem wöchentlichen Hausputz, immer am Freitagvormittag. Es gibt noch den täglichen Küchendienst. Jeder kommt an die Reihe. Ich soll mich diese Woche zuerst einleben, dann schauen wir nach einem Praktikumsplatz für mich. Alle müssen zur Arbeitserprobung in einen Betrieb. Herr T., der stets engagierte, überfreundliche Sozialarbeiter, unterstützt uns bei der Suche nach einer passenden Stelle. Er berichtet mir, dass er zehn Jahre auf dem Arbeitsamt gearbeitet hat. Jetzt ist er hier, weil er den Menschen wirklich helfen möchte. Auf dem Amt gibt es keine Kulanz. Er ist froh dort weg zu sein. Ich denke, ich kann ihn gut leiden.

In den ersten zwei Wochen bin ich am Hafen unterwegs, gehe Currywurst essen, Kaffee trinken, hänge in den Touristenläden herum, bin einfach nur zeitlos. Ich sehe Ebbe und Flut zu, während über mir die Möwen kreisen und die Fußgänger vollscheißen. Ich bekomme einen Praktikumsplatz auf dem örtlichen Stadtfriedhof. Da trete ich morgens um neun an, räche das Herbstlaub von den Gräbern. Es ist eintönig, geht mir auf die Knochen. Es ist frostig, es nieselt, der Nebel ist dicht. Am dritten Tag fasse ich in Hundekacke und habe keinen Bock mehr auf das Praktikum. Ich schmeiße nach einer Woche alles hin. Bleibe in der Einrichtung, mache nichts. Wirklich nichts, nur den ganzen Tag liegen und essen. Herr T. erweist sich als übermotiviert. Er vermittelt mir innerhalb kürzester Zeit einen neuen Praktikumsplatz als Verkaufshilfe. Ich verfluche ihn! Bin aber überrascht, als ich in einer alten Villa unterkomme. Er drückt mir ein rostiges Fahrrad ohne Bremse, ohne Licht und ohne Gangschaltung in die Hand. Kein Gemecker, er schickt mich gleich los zum neuen Job. Dort werde ich herzlich von den Besitzern, einem älteren Ehepaar begrüßt. Die Arbeit erweist sich als großer Glückstreffer. Ich fühle mich sofort von allen adoptiert. Es gibt jeden Tag frischen Schokoladenkuchen. Die Kundschaft ist auch sehr nett. Es geht stramm auf Weihnachten zu. Die Ladenräume sind prall gefüllt mit schönen Dingen. Wir haben alle Hände voll zu tun. Ich bin mit meinen Aufgaben mehr als zufrieden. Kann mich einbringen. Der Hausherr ist immer zu Späßen aufgelegt. Er zeigt mir was Verpackungskunst ist. Sein Schwager kommt täglich auf einen Plausch vorbei. Alles geht seinen Gang. Abends komme ich müde, aber glücklich in der Einrichtung an. Außer Freitags am Hausputz, habe ich mit den anderen Bewohnern nicht viel zu tun. Jeder kümmert sich um sich selbst. Unser Paar streitet sich täglich lautstark. Sie haben ihr Zimmer unter meinem. Gegenstände fliegen gegen die Wand. Es geht mir ordentlich an die Nerven. Ständig verstoßen die Beiden gegen die Hausordnung, was dann auch immer in der Gruppentherapie thematisiert wird. Betone, dass es mich ankotzt. Steffi schießt sofort zurück und heult. So geht das immer aus. Alle schauen dumm in die Runde, keiner sagt mehr was. Dann sitzen wir unsere Zeit ab, bis die Stunde vorbei ist. Danach rennen alle raus in den Hof zum Rauchen. Ich verzieh mich nach oben, schreibe Postkarten aus dem Elend, hänge meinen Gedanken nach. Ich vertreibe mir meine Zeit, lese weiterhin viele Bücher. Vergesse nicht einmal den Inhalt. Ich bin völlig klar mit meinen Medikamenten, ohne Alkohol. Ich fühle mich wie ein leeres Gefäß, das mit Fakten gefüllt wird. Eine gut funktionierende Hülle. Mit Antidepressiva bin ich sogar meist freundlich. Meine Selbstmordgedanken sind in Watte gepackt, weit weg von mir. Ohne Alkohol bin ich von einem neuem Seelenfänger abhängig. Kenne mich selbst nicht wieder, es ist trügerisch.

Gehe in der Stadt umher, schaue mir die Schaufenster an. Später gehe ich zurück zum Haus. Auf dem Weg komme an einer Kneipe vorbei. Die Tür ist weit geöffnet. Alte Schlagermusik dringt auf die Straße. Ich fühle mich sofort heimisch. Mein Vater nahm uns Kinder immer mit in die Wirtschaft. Wir gingen nie früh heim. Meine Schwester und ich schliefen oft unter der Sitzbank vom Stammtisch. Wir auf der einen Seite, auf der anderen

Seite der Hund vom Wirt. Ich bleibe stehen, starre rein zur Theke. Die Säufer sitzen im Dämmerlicht und lassen sich vollllaufen. Reden sich das Leben schön. Sehe mich schon mit einer neuen Männerbekanntschaft die Gläser heben. Einer ruft mir zu, komm rein Mädchen! Setz dich zu uns, wir beißen dich nicht. Erwache aus meinen alkoholischen Träumen, setze meinen Arsch wieder in Bewegung. Laufe ohne anzuhalten zum Adaptionshaus. Mit zitternden Händen schließe ich die Tür auf. Kann den Schlüssel kaum halten. Mir ist kotzübel, mein Herz klopft bis zum Hals. Ich habe meinem Durst nicht nachgegeben. Trotzdem fühle ich mich sehr mutlos und einsamer als je zuvor. Verschwinde in mein Zimmer. Auf dem Weg nach oben begegnet mir Oleg. Er hat auch Suchtdruck. Wir könnten uns jetzt gegenseitig die Wunden lecken, die Gier wegficken. Fleisch auf Fleisch. Ein paar versaute Stunden im Bett. Vergessen für den Moment. Wir sehen uns fest in die Augen, dann gehe ich wortlos an ihm vorbei, schließe die Tür hinter mir ab. In meiner Vergangenheit waren Männer und Alkohol immer eine ungute Mischung aus Angst und Spaß. Es waren keine netten Männer, die mich auf Händen trugen, nur grob, fordernd. Als würden sie mich in tausend Stücke reißen, bei lebendigem Leib auffressen. Kämpfte, konnte immer nur verlieren. Dann fickten wir gegen die Zeit. Rieben uns wie Tiere aneinander, waren atemlos in unserem Gestank, die Nacht über uns. Für eine Zigarettenlänge kehrte Stille ein, dann fickten wir wieder ums Überleben. Lass mich bloß nicht allein mit mir.

Schalte die Glotze an, sehe mir die Simpsons an. Im Zimmer unter mir streiten die Liebenden. Ich ziehe die Decke bis zu den Augen hoch, so dass ich noch etwas sehen kann. Drifte schnell weg. Am Morgen stehe ich ausgeschlafen auf. Es schneit. Mache mich für meine Arbeit in der Villa fertig, radel los. Ich bin inmitten einer filmreifen Winterlandschaft. Am Rathausplatz wird der Weihnachtsmarkt aufgebaut. Aus Lautsprechern schallt festliche Musik. Die Einheimischen sind in sentimentaler Stimmung. Gestern noch zu Tode betrübt, heute sieht es für mich wieder hoffnungsvoller aus. Ich bin bestens abgelenkt vom Suchtdruck. Ich verkaufe gut und werde von meiner Chefin gelobt. Heute gehe ich selig in den Feierabend. Das fühlt sich sehr fremd, aber gut an. Ich kann dem Frieden nicht recht trauen. Ich denke, morgen wachst du auf und alles ist beim Alten. Aber es ist kein Traum. Ich bin mittendrin im Leben der anderen. Wo fängt mein Leben an? Es gibt keine Gebrauchsanleitung. Meine Therapeuten begleiten mich für ein kurzes Stück, dann muss ich wieder alleine gehen. Ich sehe mich schon, als alte Frau mit langen grauen Haaren. Habe ein kleines Haus am Strand, an meiner Seite ein zahnloser Hund. Ich habe mit mir Frieden geschlossen. Doch bis dahin ist es noch eine Weile. Ich sollte mir überlegen, was ich für heute tun kann. Ich gehe in die Buchhandlung, kaufe mir ein Buch. Lesen lenkt mich erst einmal ab. Aber meine Gedanken schweifen ab. Ich stehe wieder am Anfang. Wohin mit mir, wenn meine Zeit um ist. Ich stehe mir wieder einmal selbst im Weg. Bei Markant kaufe ich Süßigkeiten, stopfe mich beim Rausgehen damit voll. Im anliegenden Park sehe ich den Obdachlosen beim trinken zu. Es ist eisig, verschneit, der Weg glatt. Es dämmert schon, ich gehe zurück zur Straße. Das Kino hat jetzt auf, ich gehe frierend rein. Bezahle die Eintrittskarte für einen Liebesfilm. Das Programm lässt zu wünschen übrig. Um diese Uhrzeit läuft nichts anderes. Außer mir ist niemand da. Ich habe den Saal für mich. Es flimmert Werbung von den örtlichen Geschäften über die Leinwand. Dann geht es los. Eine glatte Story ohne Überraschungen. Der Film plätschert vor sich hin. Alle sind gutaussehend, reich und glücklich. Das gibt es nur in Hollywood. Wären wir alle so Schleimer, dann gäbe es keinen Krieg mehr. Nur noch Wohlstand, Liebe ohne Leiden, und dreilagiges Klopapier bis zum Ende unserer erbärmlichen Tage.

Später ruft mich Amira aus Mannheim an. Sie lädt mich über die Weihnachtsfeiertage zu sich ein. Ich sage sofort zu. Mein erstes Weihnachten seit vielen Jahren, wo ich nicht allein zu Hause sitze, mich mit Horrorfilmen über Wasser halte. Beate hat auch Lust auf Christbaum und heile Welt. Am nächsten Tag kaufe ich gleich für alle kleine Weihnachtsgeschenke ein. Später schaue ich noch im Buchantiquariat vorbei. Es ist ein mystischer Laden, voll bis unter die Zimmerdecke mit alten Büchern. Dort verweile ich, vergesse die Zeit. John Steinbeck zieht mich in seine harte Welt. Ich kann mich nicht losreißen, bleibe bis der Laden zumacht. Draußen schaue ich mir die vorbei gehenden Leute an. Eine Frau zündet sich eine Zigarette an. Sie hat rot lackierte Fingernägel, trägt Pelz. Ihr Gesicht verrät mir nichts über sie. Ein Mann schaut sich im Schaufenster Messer und Schusswaffen an. Ich gehe an den Kneipen vorbei. Heute bleibe ich nicht stehen, sehe streng geradeaus, laufe zügig weiter. Ich bin am Adaptionshaus angekommen, schließe die Tür auf. Es wird gestritten. Lothar und Steffi haben sich wieder mal in den Haaren. Er wie immer rechthaberisch. Sie wie immer, resistent gegen Kritik. Verkrieche mich auf meine Bude. Micha klopft an, möchte sich Geld von mir leihen. Da ist sie wieder meine Realität. Ich sage nein, er geht nicht, fragt mich nochmal. Ich bin jetzt angepisst, knurre, er soll verschwinden, die anderen fragen. Er winselt, dass die ihm auch nichts geben. Eine Stunde später kommt Micha wieder ungebeten ins Zimmer, fragt mich erneut. Ich schiebe ihn raus auf den Flur, schließe hinter mir ab. Jetzt beschimpft er mich, durch die verschlossene Tür eine blöde Fotze. Ich drehe den Fernseher lauter, reagiere nicht mehr.

Nach vielen Tagen mit Schneeregen kommt endlich mal die Sonne durch. Ich laufe raus zum Strandbad. Dort ist es um die Jahreszeit verwaist. Direkt am Meer steht ein marodes Hotel. Die Fenster sind alle mit alten Gardinen verhangen. Trotzdem fühle ich mich beobachtet. Ich laufe bis zur Spitze vom Strand. Es geht eine ordentliche Brise. Der Wind pfeift mir um die Ohren. In der Ferne sehe ich große Frachtschiffe. Der Wind schmeckt salzig. Ich habe Fernweh. Eine schier unerträgliche Sehnsucht macht sich wieder mal in mir breit. Früher bin ich oft mit dem Motorrad gereist. Mein Freund und ich fuhren gerne nach Italien an die Cote Azur. Es war jedes mal eine Rosskur. Er hielt drauf, ich musste mithalten. Einmal dachte ich, meine Kräfte lassen nach und ich kann die Maschine nicht mehr halten. Im Hotel angekommen war ich völlig am Arsch. Aber er wollte gleich Sex und nahm ihn sich. Er war immer wild, unersättlich, immer fordernd. Wir trieben es überall miteinander. Am Strand, im Meer, in der Umkleide, auf dem Hotelbalkon, in der Badewanne, im Pool, am Straßenrand, hinter der Tankstelle, im Auto, auf Kneipen Klos, in der Disko und an Plätzen, die ich vergessen habe. Wir waren vier Jahre ein Paar. Er kam auch aus einer Alkoholikerfamilie, war fünf Jahre älter als ich. Wir lernten uns auf einer Party kennen. Ich hatte bis zum Anschlag getankt, er stand plötzlich neben mir an der Bar, füllte mich weiter ab. Meine Freundin gab ihm einfach meine Telefonnummer, weil ich sie ihm nicht geben wollte. Irgendwann küsste er mich auf den Mund. Seine Entschlossenheit gefiel mir. Schon am nächsten Tag rief er an und holte mich mit seinem Motorrad ab. Wir fuhren rauf zum Hegau Blick. Dort lud er mich ins Lokal ein. Ich redete, er sagte nichts. Nach ein paar Stunden bezahlte er alles und wir fuhren weiter in die Nacht. Wir trafen uns jetzt regelmäßig. Er war schnell bei meiner Familie beliebt, weil er gutaussehend, trinkfest, höflich war. Doch seine Welt war einfach nur gleichgültig und stupide. Er wollte bald heiraten, eine Frau am Herd so wie seine Mutter. Er wollte sofort Kinder haben. Ich wollte überhaupt keine. Das war ihm egal. Er drängte mich zu einer Schwangerschaft. Er wollte mich davon überzeugen, indem er bei jeder Gelegenheit über mich herfiel, mich hart durchfickte. Ich fühlte mich in dieser Beziehung zunehmend einsamer, zog mich immer mehr zurück. Bin mit meinen Freundinnen feiern gegangen, statt zu Hause bei ihm zu verwesen. Heute kommen mir diese Jahre unwirklich vor. Ich habe diesen Mann nicht geliebt. Gesagt habe ich es ihm nie. Ich wollte damals nicht allein sein. Jetzt bin ich hier am Deich, nichts von dem was war hat noch Gewicht. Kann mich dem Wasser nicht entziehen. Fühle mich mit der Natur eins. Ich werde auf meinem Weg bleiben, für mich sorgen. Über dem Meer zieht es zu. Es wird schnell grau am Horizont. Gehe zurück Richtung Ort. Der Regen setzt wieder ein. Ziehe den Kragen hoch und ziehe den Hals ein. Am Hafen kehre ich in ein Lokal ein, bestelle mir heiße Schokolade. Ich bleibe noch lange sitzen.

In der Villa ist die Hölle los. Wir haben so viele Kunden, dass wir uns kaum noch in den Räumen bewegen können. Unser Chef zieht sich immer häufiger erschöpft in seine Privaträume zurück. Er hat Krebs. Wir wissen es schon alle und sind besorgt um ihn. Meine Arbeitgeber geben das Geschäft im neuen Jahr auf. Alle Mitarbeitenden, Kunden und Freunde sind sehr traurig inmitten der Weihnachtsstimmung. Trotzdem, es bleibt harmonisch. Wir lassen uns die Laune nicht verderben. Unser Chef am wenigsten. Nach Feierabend verziehe mich gleich auf mein Zimmer. Auf der Treppe, kann ich schon Steffi und Ronny hören wie sie sich streiten. Gegenstände fliegen, knallen gegen die Wände. Oleg kommt mir nach. Er hat auch Feierabend, verdreht die Augen. Der Terror macht ihn fertig. Er hat das Zimmer neben den Streithähnen. Besser allein sein, als gemeinsam einsam. Das alte Lied. Ronny ist die traurige Karikatur eines echten Versagers. Jammert, dass er sie verlässt, dann haut er auf die Straße ab. Oleg geht ihm nach. Ich stehe bei Steffi, versuche sie zu bändigen. Ihr tut jetzt alles leid. Sie jault wie eine angefahrene Katze. Irgendwann kehrt Oleg allein zurück. Ronny schläft lieber draußen im Freien, als hier in der warmen Stube bei Steffi. Dann wollen wir hoffen, dass er sich nicht den Tod holt. Wobei, dann wäre dieses Theater endlich mal vorbei. Oleg schnauft wie ein Walross. Er greift sich eine Jumbotüte Chips, stopft sich alles hinter die Kiemen. Er meint, das beruhigt seine Nerven und schließt hinter sich die Zimmertür. Wir lassen Steffi weinend zurück. Wie alles, geht auch das vorbei. Ronny sitzt schon sehr früh mit einer Tasse Kaffee in der Küche. Ich esse wie immer Müsli. Ronny will Steffi verlassen. Er hält es nicht mehr aus mit ihr. Ich frage, wo er letzte Nacht war. Er sagt, auf einer Bank in der Bahnhofshalle. Dann stehe ich auf und gehe zu meinem Job. Filip kommt mit seinem neuen Lover in der Villa vorbei. Alle sind entzückt von dem hübschen Paar. Lukas, Filips neuer Freund kauft sehr zum Gefallen, meiner Vorgesetzten für teuer Geld ein. Wir schnacken bei Kaffee und Kuchen. Draußen fallen lautlos Schneeflocken. Nach Feierabend kaufe ich auf dem Weihnachtsmarkt Orangen ein. In der Einrichtung backen Paul und Micha Plätzchen. Bleibe ein wenig bei den Beiden sitzen, esse fleißig davon. Meine Jeans sitzt stramm vom vielen Fressen. Alle hier im Haus sind ständig am Fressen. Fressen gegen den Frust, die Langeweile, vor allem gegen die Angst. Keiner von uns schaut gerne in die Zukunft. Freude hält nie lange an. Die Angst ist immer da. Sie lässt sich nicht vertreiben. Ohne unsere Drogen sind wir alle nackt. Oleg kommt in die Küche. Er macht gefüllte Pfannkuchen für alle. Ich esse, was auf den Tisch kommt. Steffi und Ronny sind auch mit von der Partie. Das junge Glück ist wieder vereint. Vergessen ist das Gezeter. Da blick ich nicht mehr durch, will es auch gar nicht. Ich verteidige mein Essen gegen die Meute. Alle Raubtiere belauern gierig das Futter. Was die Männer mühevoll zubereitet haben, landet innerhalb weniger Minuten in unseren Saumägen. Ohne einen Dank ziehen dann alle vollgefressen wieder ab. Die einen vor die Glotze, die anderen vor die Tür zum Rauchen oder aufs Klo zum Scheißen.

Wir haben unsere wöchentliche Gruppentherapie, hocken träge im Stuhlkreis. Das Riesenbaby hat seine Freundin geschwängert. Die Neuigkeit macht die Runde. Es wird gelästert, dass in Kürze ein neuer Sozialfall geboren wird. Oleg schläft ein, er ist nicht zu wecken. Nach der Sitzung muss er zum Drogentest. Der fällt, wie zu erwarten war, positiv aus. Er muss seine Sachen packen. Oleg drückt seit einer Woche heimlich Heroin. Jetzt hat er die Option in den Entzug zu gehen oder ist auf sich selbst gestellt. Er ist ein sturer Russe und geht überall hin, nur nicht mehr in den Entzug. Mittags laufen wir uns am Hafen in die

Arme. Er hat keinen Funken Hoffnung mehr. In seiner Verwandtschaft trinken alle, alle nehmen harte Drogen. Er hält es nicht mehr aus. Er weiß nicht, was er tun soll, kann sich nicht vorstellen mit seiner Familie zu brechen. Wir halten uns lange fest, dann geht Oleg wortlos weg. Ich weiß, wir werden uns nicht wiedersehen. Wir wissen es beide.

Weihnachten mit meinen Bitches rückt mit jedem Tag näher. Dann ist es soweit. Die Zugfahrt nach Mannheim ist äußerst aufregend. Ein besoffener Penner randaliert im Zugabteil, beschimpft alle. Er setzt sich einer Frau auf den Schoß, begrapscht ihre Titten. Der Zug ist gerammelt voll. Leider, kein Schaffner in Sicht. Der Kerl stinkt nach Schnaps und Müll. Er lallt jeden an. Er schimpft auf den verfluchten Bullen-Staat. Die Kerle im Abteil trauen sich nicht einzugreifen, die schauen lieber weg. Doch die weiblichen Fahrgäste halten sich nicht lange zurück. Sie vertreiben den Säufer in ein anderes Abteil. Am nächsten Halt wartet auch schon die Bahnpolizei. Die nehmen den Anarchisten in Empfang. Eine motzt, es sei erbärmlich dass, keiner im Abteil geholfen hat. Niemand antwortet, alles schweigt. Da hocken sie, die modernen Männer. Der Erzeuger schon früh abgehauen, von Mama immer schön verhätschelt. Deutschland ist das großartige Land der gebückten Arschficker und Ja-Sager. Es ist doch immer einfacher wegzusehen, als sich zu wehren. Trotzdem, der Auftritt von dem Penner war nicht übel.

Nach einer gefühlten Ewigkeit komme ich endlich an. Die Mädels erwarten mich erfreut. Es gibt eine Menge zu reden. Bei Amira zu Hause angetroffen, gibt es gleich Raclette. Beate erzählt beim Essen von ihrem freudlosen Job als Packerin. Ich von meiner freudlosen Anti-Drogen-WG am Deich. Wir füttern Amiras Hund unter dem Tisch bis der kotzen muss. Amira, hochschwanger von einem One-Night-Stand, kriecht auf dem Boden umher, wischt die Hundekotze auf. Nach dem Essen machen wir im Wohnzimmer bei Kerzenschein Bescherung. Wir bleiben noch lange auf, reden bis wir einschlafen. Am Morgen gibt es ein großes Frühstück. Wir schieben uns schon wieder Futter in die Backen. Mittags gehen wir zum Griechen essen. Am Abend ins Kino, danach haben alle wieder Appetit. Zum feierlichen Abschluss des Tages gibt es ein ausgedehntes Fressorama mit den Resten. Am nächsten Weihnachtstag fahren wir ins Heilbronner Insel Hotel zum Mittagessen. Amiras Mutter lädt alle ein. Wir sitzen mit Oma, Tante, Bruder am Tisch und bestellen nur vom Feinsten. Ich gönne mir Ente mit Orangensoße. Beate und Amira essen Wild. Anschließend geht es flott weiter zum Kaffeetisch bei der Tante. Wir können uns nicht mehr rühren und liegen dort nur noch komatös auf der Couch herum. Am zweiten Weihnachtstag packen Beate und ich unsere Klamotten zusammen. Dieses Weihnachten geht dem Ende zu. Schon sitze ich wieder im Zug zurück nach Husum. Beate fährt Heim nach Karlsruhe. Jetzt geht es wieder zurück in die Realität zu den anderen Junkies. Abends stehe ich am Husumer Bahnhof, kann nicht fassen, dass alles schon wieder vorbei ist. Ich laufe zum Haus. Der Nachthimmel ist klar, Sternen schwer, der Mond voll. Es ist kalt. Ich sehne mich nach dem Frühling. Die Straße ist nass, der Schnee schon geschmolzen. Das Jahr 2014 neigt sich dem Ende zu. In wenigen Tagen feiert die Welt ohne mich Silvester. Der Alltag stellt sich bereits ein, als ich die Tür öffne. Es ist still im Haus. Das ist selten so. Ich gehe nach oben in mein deprimierendes Zimmer. Werfe meine Medikamente ein und gehe gleich schlafen. Träume wirr. Ich bin in einem zerfallenen Haus mit vielen Türen. Weiß nicht, wo es raus geht. Öffne eine Tür nach der anderen. Kein Weg führt ins Freie. Ein Fremder stellt sich mir in den Weg. Er hält eine gewetzte Klinge in der Hand, sagt emotionslos, du wirst sterben. Ich sehe ihm direkt ins Gesicht. Er ist Identitätslos. Ich sage, tu was du tun musst. Ich bin lange schon tot. Er sticht zu, es tut nicht weh. Falle zu Boden, mein Atem fließt ein letztes Mal aus meinen Lungen heraus. Ich schlafe in meinem Blut ein. Mir ist kalt, doch das ist in Ordnung. Ich gehe jetzt. In der nächsten Nacht werde ich wieder sterben. Die Hölle ist Wiederholung.

Ich besuche Frau L. im Buchantiquariat. Sie meint, meine Probleme begannen schon vor meiner Geburt. Ich erzähle ihr, was ich über die Frauen meiner Familie weiß. Meine Urgroßmutter war eine bösartige Trinkerin und Diebin. Meine Mutter musste sie als junges Mädchen pflegen. Es waren andere Zeiten. Die Alten kamen nicht in ein Heim, sondern starben zu Hause. Mutter hatte die Pflicht ihrer Familie zu dienen. Nach dem Tod der Urgroßmutter, diente Mutter ihrer Mutter. Es wurde erwartet, dass wir Schwestern uns lückenlos einfügten. Wir genügten der Familie nie, wurden immer gegeneinander ausgespielt. Uns Schwestern verband eine bittere Feindschaft. Wir hassten uns. Die Distanz zwischen uns wurde im Laufe der Jahre größer. Meine Schwester wollte selbst ein Kind, um aus dem heimischen Terror zu entfliehen. Sie wurde schwanger von einem Mann, der kein Vater sein wollte. Ein Mann, der haltlos und traurig war. Er starb unerwartet mit nur neununddreißig Jahren. Ich wollte einfach nur weg aus dem Dorf. Sah meine Chance, indem ich mit meinem neuen Freund nach Freiburg zog. Der Kontakt zur alten Heimat brach ab. Ich verwahrloste innerlich wie äußerlich immer mehr. Ging nicht einmal mehr zum

Briefkasten. Ass nur Fastfood, rauchte Kette, kiffte, trank Wodka, lag fett resigniert auf der Couch. Die Glotze flimmerte ohne Unterbrechung durch. War unausstehlich, verbittert, zynisch, unzugänglich. Ich litt gern, wärmte mich an meinem persönlichen Schmerz, suhlte mich darin. Missbrauchte alles, was mich betäubte. Oft war ich tagelang bewusstlos. Es war nie genug zum Sterben. Immer wenn ich aufwachte überkam mich eine große Enttäuschung noch am Leben zu sein. Mein Körper war längst an die hohen Mengen Morphium gewöhnt. Ich schien immun gegen den Tod zu sein. Frau L. hört mir ohne Unterbrechung zu. Am Ende sieht sie mir fest in die Augen. Ich weiß jetzt, es ist endgültig vorbei.

Die Villa hat Ferien, ich habe wieder mal viel Freizeit. Ich verbummel meine Stunden mit einer Fahrt nach Sylt oder gehe ins Kino. Filip ist schwer verliebt in Lukas. Er verbringt jede freie Minute mit ihm. Steffi und Ronny streiten sich wie gewohnt, Lothar hat eine Witwe übers Internet kennengelernt. Er geht auf Freiersfüßen durch den Tag. Das Riesenbaby und seine Lolita beziehen eine gemeinsame Wohnung in Flensburg. Micha sitzt meist reglos im Wohnzimmer vor dem Fernseher. Paul backt ständig neue Kreationen für alle. Ich treffe ihn zufällig bei Markant. Zwischen Tiefkühlpizza und Fischstäbchen gesteht er mir spontan seine Liebe. Darauf habe ich Null Bock, verschwinde schnell zum Süßigkeitenregal. Ich bin total überfordert, lasse ihn einfach stehen. Paul scheint ein wenig enttäuscht zu sein, findet aber bald eine neue Frau, die er bekochen kann. Die Arbeit in der Villa fehlt mir. Für eine Woche komme ich bei einem Floristen als kostenlose Aushilfe unter. Die Arbeit macht kaum Spaß. Den ganzen Tag Blumen anschneiden. Es ist schmutzig und kalt im Laden. Ich quäle mich durch die Tage. Im

Verkaufsraum steht ein großer Käfig mit einem Papagei. Mit dem rede ich immer mal wieder ein paar Worte, er antwortet mir schräg. Meine Chefin sieht das nicht gerne. Ich soll ihm keine Schimpfwörter beibringen. Sie hat mich und den Vogel im Blick. Nach Feierabend fahre ich mit dem Zug nach St. Peter Ording. Ich gehe zum Wasser. Es ist menschenleer, der Sand ist vom Wind glatt gefegt. Ich sammle Muschelschalen und Krebsskelette ein. Es sind die Geschenke der See. Die Wellen schlagen hart an den Strand. Ich gehe kilometerweit barfuß. Irgendwann nach einem langen Marsch setzte ich mich auf ein Stück Treibholz, sehe den vorbei ziehenden Wolken zu. Ich fotografiere das Meer, den Himmel, die Dünenlandschaft. Halte den Moment für die Ewigkeit konserviert fest. Für einen Bruchteil von Sekunden steht die Zeit still. Der Wind presst sich durch meine Lungen. Die Brise wird stärker, es beginnt zu regnen. Ich trete den Heimweg an. Ich habe es nicht eilig. Die Kälte macht mir heute nichts aus. Am Bahnhof sind kaum Menschen. Ein Rentner sucht in den Mülleimern nach Pfandflaschen. Verliebte knutschen unbeholfen am Bahnsteig. Es ist wie bei einem Unfall, man kann einfach nicht wegsehen. Die Bahn fährt am Gleis ein. Ich steige in den Zug. Drinnen ist es richtig warm. Die Heizung läuft auf Hochtouren. Ziehe meine nasse Jacke aus. Das kahle Land zieht an mir vorbei. Die Dämmerung deckt es lautlos zu. Schwere Müdigkeit macht sich in mir breit. Ich träume von Harry, einem Fremdenlegionär. Wir kennen uns von früher. Er steht auf einer Lichtung im Wald, winkt mir zu. In den Händen hält er einen kleinen Kinderschädel. Zwischen den Augenhöhlen ist ein großes Einschussloch. Er hat den Totenkopf im Wald gefunden. Behält das Relikt, poliert es. Er findet noch mehr Knochen, legt sie alle zu Hause ins Regal. Harry trinkt Schnaps zum Frühstück. Was kann man da schon erwarten?

Husum nähert sich. Ich wache etwas benommen auf, ziehe mich an, steige steif aus dem Zug, gehe Richtung Adaptionshaus. Das Kopfsteinpflaster in den grauen Gassen schimmert vom Regen. Die Lichter der Kneipen brechen sich darin. Jetzt hätte ich gerne einen Pott Rum. Abstinent sein macht keinen Spaß. Ich mache mich selbst verrückt, denke an Alkohol. Die Gedanken wegsaufen, leer sein. Für ein paar Stunden keine Hirnfickerei, eine traumlose Nacht. Schwer wie Blei ins Bett sinken. Gehirn aus. Im Suff meine dummen Lügen leben. Ich gehe auch heute ohne Schnaps ins Bett. Wieder ein Tag ohne Alkohol und Unheil überstanden. Ich weiß wirklich nicht, ob ich jetzt erleichtert oder einfach unglücklich bin. Meine Gefühlswelt hält sich in Grenzen. Mir ist nur elend ums Herz. Die meiste Zeit bin ich deprimiert. Ich bin allein mit mir. Nur meine Dämonen verweilen bei mir, halten treu die Stellung.

Gruppentherapie steht an. Wir sitzen wie immer im Kreis, gaffen Löcher in die Luft. Micha beginnt, berichtet von seiner Internetsucht, seiner Antriebslosigkeit. Er hatte bisher noch keine Freundin. Das kümmert aber keinen der Anwesenden. Die Jungs werden gemein, nennen ihn verklemmte Jungfrau. Micha heult, rotzt, schnäuzt in ein Taschentuch. Die Therapeutin ist von unserem Verhalten total angepisst. Ich bin nur froh, dass die heute nicht auf mir herumhacken. Wer unsicher ist, wird fertig gemacht. Keiner möchte vor den hungrigen Raubtieren Schwäche zeigen. Wir wissen es nicht besser. Unsere Eltern haben versagt. Ich glaube nicht an den Scheiß, dass sich Kinder ihre Eltern selbst aussuchen. Ich habe nie darum gebeten, geschlagen zu werden. Die Wut wuchs in mir über viele

Jahre, wie ein bösartiger Tumor heran. Wut im Bauch ist mein Motor. Wut lässt mich überleben. Wut lässt mich aber auch nicht sterben. Ich muss mich rund um die Uhr aushalten, jeden sinnlosen Tag wieder aufstehen. Einen neuen Kampf austragen. Ich habe keine Kraft mehr für Liebe. In mir tobt ein kalter Krieg. Den anderen ergeht es nicht besser.

Am Hafen wird im Streit ein Mann erstochen. Das Motiv ist Habgier. Die kleine, heile Welt in Nordfriesland ist erschüttert. Hier gibt es auch böse Menschen, Gewalt und Tod. Ich will jetzt nicht mehr länger am Deich bleiben. Meine Wohnungssuche in Husum war ohnehin erfolglos. Eine Reha-Verlängerung für zwei weitere Monate lehne ich ab. In mir beginnt die Eiszeit. Ich glaube zu ertrinken wie ein kranker Hund. Ich muss mich meiner Zukunft stellen, endlich nach Hause gehen. Es ist jetzt Zeit. Mein Abschlussgespräch geht über Stunden. Ich werde nicht wieder in Vollzeit arbeiten können und vermutlich auch nie ohne Antidepressiva leben. Die Wahrheit ist wie erwartet wenig erfreulich, aber nicht unerwartet. Eine Umschulung schaffe ich psychisch nicht. Ich kann einen Rentenantrag stellen. Das erscheint mir keine Lösung. Der Abschied von der Nordsee und den Menschen, die mich die letzten Monate begleitet haben, macht mir mehr aus als mir lieb ist. Im Dunkeln verlasse ich leise die Einrichtung. Gehe ein letztes Mal durch die Gassen zum Bahnhof. Straßenlaternen weisen mir den Weg. Wenig später hocke ich im Zug und hoffe auf eine ruhige Fahrt. Ab Hamburg ist die Bahn gerammelt voll. Ich habe einen guten Platz ergattert, penne erst mal weg. Als ich erwache regnet es wieder. Die dunkle Jahreszeit ist einfach nur freudlos. Sitze reglos am Zugfenster, sehe stumm raus. Abends erreiche ich müde den Freiburger Hauptbahnhof.

Menschen drängen sich auf dem Bahngleis. Lautsprecher kündigen die nächste Reise an. Überall Stimmengewirr in allen Sprachen. Meine Sprache spricht hier niemand. Kämpfe mich die Treppen zur Straßenbahn hoch. Noch zehn Minuten warten. Es stinkt nach Zigarettenrauch und nach Schweiß. Die Bahn kommt. Ich steige ein, drücke mich zu einem freien Platz durch. Es ist wie immer voll. Nur wenige Haltestellen, dann muss ich raus. Ungewohnt nach so langer Zeit wieder Daheim zu sein. Es fühlt sich an, als könnte ich mich nie mehr einleben. Schließe die Tür meiner Wohnung auf. Es ist still, niemand mehr da außer mir. Meine Mitbewohnerin ist in der Zwischenzeit ausgezogen. Ihre Schlüssel liegen auf dem Küchentisch. Ich atme erleichtert aus. Lüfte mein Zimmer, sehe mich um. Da bin ich also wieder. Zurück am Anfang der Reise. Am liebsten möchte ich sofort in einer Bar verschwinden, mich betrinken. Mich belohnen, weil ich neun Monate Therapie durchgehalten habe. Ich bin unruhig, schleiche durch die Bude. Staube die Regale ab, wische den Boden. Anschließend hole ich bei der Nachbarin meine Pflanzen ab. Die hat mich so dick erst gar nicht wieder erkannt. Dann Lebensmittel einkaufen gehen. Danach Inserat ins Internet bei den Wohnungsangeboten. Es melden sich massig Suchende. Das Casting geht wenige Tage später los. Eine Studentin aus Brandenburg ist die Gewinnerin. Sie zieht für vier Monate bei mir ein. Der Frühling kommt in die Stadt. Es wird warm. Wir verstehen uns gut, gehen zusammen ins Freibad, ins Theater. Abends schmeißen wir oft den Grill an, entspannen auf dem Balkon. Nebenbei bewerbe ich mich auf viele Jobs, kassiere eine Absage nach der anderen. Ich werde weiterhin von der Suchtberatung und meinen Ärzten betreut. Ich gehe zur Selbsthilfegruppe für suchtkranke

Frauen. Schon nach wenigen Wochen habe ich dazu keine Lust mehr. Das ständige Reden übers Trinken löst in mir gewaltigen Suchtdruck aus. Nachdem ich mich zu weiteren Treffen quäle, gebe ich auf. Ich bleibe zu Hause. Dann starte ich einen letzten Versuch bei den Anonymen Alkoholikern. Ich bin die einzige Frau in der kaputten Runde. Nach zweimal Meeting gehe ich da auch nicht mehr hin. Mache wieder regelmäßig Krafttraining, bleibe für mich.

Meine Leute habe ich noch nicht wieder gesehen. Ich habe Angst vor einem Bruch. Was sich dann, kurze Zeit später als unbegründet herausstellt. Trotz, dass ich nicht mehr saufe, bleibe ich mit meinen ältesten Freunden verbunden. Sie respektieren mich jetzt als Nichttrinkerin und trinken erst mal einen auf mich. Die letzten zwei Jahre hat sich sehr viel für mich verändert. Ich habe mich verändert. Es ist nichts schreckliches passiert. Nichts, was ich nicht bewältigen konnte. Trotzdem kommen immer wieder Versagensängste in mir hoch. Angst vor einem Rückfall, Angst keine Arbeit zu finden, grässliche Angst vor Menschen.

Dann werde ich zu einem Vorstellungsgespräch für eine Stelle eingeladen. Es stellt sich als totaler Reinfall raus. Die Personaltante redet die ganze Zeit von harten Fakten. Irgendwann falle ich ihr ins Wort und merke an, dass ich ein Mensch bin, keine Maschine. Anschließend gehe ich ohne Abschied. Die Frau bleibt mit einem blöden Gesicht zurück. Vor ein paar Jahren noch, hätte ich mich das nicht getraut. Jetzt möchte ich eine Arbeitsstelle, die zu meinen Bedürfnissen passt, nicht andersrum. Meine Arbeitssuche wird noch länger andauern. Derweil arbeite ich weiterhin an meiner Genesung. Verabschiede mich von negativen Gedanken, alles was meiner Psyche nicht gut tut. Es sind alte Gewohnheiten, Selbstzweifel, Gegenstände, die mich unfrei machen und vor allem Angst.

Im Herbst reise ich wieder nach Husum, besuche Steffi. Ronny ist längst wieder rückfällig. Er ist fortgegangen. Steffi ist allein geblieben und hat sich in einer kleinen Wohnung eingelebt. Sie hat einen Job in einer Husumer Pizzeria ergattert. Wir haben zusammen eine gute Zeit. Fahren mit der Fähre nach Amrum, lachen viel, lassen es uns nüchtern gut gehen. Wenige Wochen später besucht mich Beate in Freiburg. Sie war seit dem Reha-Abbruch lange Zeit in der Psychiatrie. Den Fabrikjob hat sie nicht geschafft. Sie ist antriebslos und depressiv. Es fällt mir schwer mit ihr klar zu kommen. Alles ist Scheiße, nichts macht ihr Spaß. Wir reden viel. Es dreht sich im Kreis, sie zieht mich total runter. Wir bleiben in Kontakt. Ich besuche sie in Karlsruhe. Es kommt zum Streit. Ich halte ihre Passivität nicht mehr aus. Seitdem ist Funkstille. Brigitte ruft mich nach Ewigkeiten an. Sie trinkt wieder regelmäßig. Ein Leben ohne Schorle kann sie sich nicht vorstellen. Es macht sie scheinbar glücklicher. Barbara ist geschieden, kämpft weiter mit ihrer Abstinenz. Amira hat einen gesunden Jungen zur Welt gebracht. Kühlwalda lebt in einer betreuten Wohngemeinschaft in Stuttgart. Schreiben uns altmodische Postkarten. Trotz persönlicher Niederlagen ist Katja trocken geblieben und hat ihren herrlichen Humor nicht verloren. Mein Leben ist ruhiger geworden. Um Männer mache ich nach wie vor einen großen Bogen. Ich fürchte mich immer wieder mal vor einem Totalabsturz, dann fresse ich in mich rein. Danach bin ich betäubt. Mental bin ich kaum noch belastbar, bei jeder Kleinigkeit überfordert. Ich bin oft frustriert, denke ans Trinken. Dann besinne ich mich wieder, möchte nicht wirklich besoffen sein. Ständig aufpassen fällt mir nicht immer leicht. Ich denke oft darüber nach, ob es mit mir noch ein schlimmes Ende nimmt. Antidepressiva halten mich über Wasser. Manchmal weiß ich nicht, was besser ist, Stimmungsschwankungen oder ein klarer Kopf. Dann komme ich auf die Idee meine Medikamente abzusetzen. Erst geht es mir gut. Ich glaube es funktioniert. Aber schon nach wenigen Tagen bin ich unruhig und leicht gereizt. Auf dem Weg zum Arbeitsamt, lege ich mich mit einem Autofahrer an. Nach dem unnötigen Streit bin ich völlig erledigt. Ich komme fertig beim Termin an. Bringe es mehr schlecht als recht hinter mich. Am nächsten Tag checke ich wieder beim Psychiater ein. Berichte ihm vom Zwischenfall. Der Doktor schüttelt nur den Kopf, muss ein bisschen lachen. Dann lachen wir beide. Er kennt mich und meine Geschichten bestens. Mir leuchtet ein, dass es kein Leben ohne Antidepressiva geben wird. Es deprimiert mich zwar, doch werfe ich mir gleich wieder meine Pillen in den Schlund. In wenigen Tagen bin ich wieder hergestellt. An den farblosen Wochenenden, radel ich nachts an den Bahnhof, zum Jazzhaus und Rockkeller Crash. Gehe dort Pfandflaschen einsammeln. So habe ich wenigstens ein paar Extramark für Lebensmittel. Das hält mich etwas über Wasser. Sonntags stehe ich sehr früh auf, gehe nochmal los. Die Bierflaschen sind immer schwer und undankbar, da sie kaum Geld einbringen. Wenn ich genug zusammen hab, bring ich die Beute zur Tankstelle. Das ist eine echte Pilgerstätte für uns Flaschensammler. Der Kerl dort kennt mich schon. Er legt das Geld immer wortlos auf die Theke. Ich greife es, dann verschwinde ich schnell wieder. Daheim nehme ich ein langes Bad. Es ist ein freudloses Dasein. Später stehe ich stundenlang an der Staffelei und male. Die Tage vergehen unspektakulär mit Kraftsport, malen, fressen, pennen, pissen, kacken,

Bewerbungen verschicken. Ich trenne mich weiterhin von unnötigen Dingen, lebe immer minimalistischer. Es fühlt sich gut an. Spüre wie der Zeitdruck täglich von mir abfällt.

Es ist Ostern 2016 als sich unerwartet meine Schwester meldet. Sie hat meine alte Telefonnummer gefunden. Wir telefonieren lange. Sie lebt immer noch im Ort unserer Kindheit. Zu Mutter hatte sie auch für einige Zeit keinen Kontakt mehr. Die lebt auch noch in ihrem Haus am See. Ihr Mann und sie haben sich nichts mehr zu sagen. Nach vielen Jahren Psycho-Horror mit Mutter ist er ein Wrack, vegetiert zurückgezogen in seinem Zimmer. Er kommt nur nach unten um sich Essen aus der Küche zu holen, dann schleicht der Schatten, wieder in seine Höhle zurück. Mutter und ich telefonieren nach fünfzehn Jahren Funkstille. Sie ist nicht zahmer geworden, immer noch ganz die Alte. Anklagend, verbittert, böse, narzisstisch. Trotzdem wünscht sie sich mit ihrer Erstgeborenen ein Wiedersehen mit Versöhnung. Der unheimliche Frieden auf Distanz ist trügerisch und hält natürlich nicht lange an. Einen Besuch bei ihr verschiebe ich deshalb immer wieder. In mir sträubt sich alles. Bei weiteren Telefonaten lässt sie sich jedes mal über meine faule, fette Schwester aus. Die kriegt nichts auf die Reihe. Von wem sie das nur hat? Mutter selbst kann sich keine Fehler vorwerfen. Das alte Spiel. Es kommen weitere hässliche Themen zu Wort. Wir sind nie einer Meinung, wie immer. Es wird laut. Die Alte hat alles richtig gemacht, damals wie heute. Beendet abrupt das Gespräch. Ich hoffe, dass sich der kraftraubende Kontakt somit wieder erledigt hat. Bin erleichtert, als sie sich nicht mehr meldet. Dann folgt ein Telefonat mit meinem alternden Vater. Es ist sachlich, oberflächlich, ohne Emotion, ohne Anklage, ohne Groll, als sprechen zwei völlig Fremde bei einem erfolgreichen Geschäftsabschluss miteinander. Besten Dank für ihre Zeit, auf nimmer Wiederhören. Man sollte nie die Macht der Verdrängung unterschätzen. Das die eigene Tochter eine ausgewachsene Alkoholikerin geworden ist, können beide Elternteile bis heute nicht nachvollziehen. Ich bin sprachlos. Keine Einsicht und kein Bedauern von den Ignoranten! Was haben die eigentlich jahrelang getrieben, während ich mich durch Therapien gequält habe? In mir steigt kalte Wut auf. Doch ich kriege mich schnell wieder ein. Die Aufregung lohnt sich nicht. Meine Therapien haben also nicht ganz versagt. Trotzdem triggert mich das Ganze. Bin tagelang gereizt. Ausharrend, zornig, müde vom alten Dreck, bin ich am Ende einfach nur enttäuscht. Gehe zur Einzelsitzung in die Suchtstelle, rede mit der Psychologin. Sie nickt verständnisvoll. Nach der Stunde gehe ich leer geredet Heim, lege mich hin. Ich schlafe sofort erschöpft ein. Im Traum renne ich ums Überleben, schreie lautlos, dann sinke ich mit einem Stich ins Herz zu Boden. Es tut nicht weh, sterbe auch nicht. Es geht weiter, irgendwie, das Leben hört nicht einfach auf, nur weil man es träumt. Ich muss was machen sonst werde ich rückfällig. Gehe zum Tätowierer, lasse mir Stück für Stück meine Odyssee auf den Rücken stechen. Ich werde immer mehr zu der Frau, die ich immer sein wollte. Innerlich wie äußerlich. Mit jeder Sitzung geht es mir besser. Mein Rücken fühlt sich für die Zukunft gestärkt an. Alte Tätowierungen werden aufgefrischt. Ich werde restauriert. Bin keine Ruine mehr. Respektiere mich jetzt selbst, gehe nicht mehr so hart mit mir ins Gericht. Meine Haare werden wieder länger und heller. Das Schwarz verschwindet bald ganz. Ich fühle mich feministischer. Meine Integrationsberaterin vom Arbeitsamt bietet mir eine Weiterbildung beim Kolping Bildungswerk an. Das Angebot nehme ich dankend an. Ich komme in eine Klasse mit Langzeitarbeitslosen, die alle Alltagsbegleiter werden sollen. Ich kriege ganz hinten einen Platz neben Elvira. Die strickt während des ganzen Unterrichts. Sie möchte sich erst mal nicht mit mir abgeben. Das wird sich in den kommenden Wochen ändern. Wir lachen viel, machen gerne Scherze über die Anderen. Da sitzt Kurt ohne Zähne. Er ist kaum zu verstehen, wenn er mal was im breitem Schwarzwälder Dialekt sagt. Die meiste Zeit döst er im Unterricht. In der Reihe vor uns sitzt Kathrin. Eine ungepflegte Frau mit Eulenpullover, Eulentasche, Eulengesicht. Sie isst schon morgens in der ersten Stunde kalte Currywurst. Stinkt nach Schweiß, Zigarettenrauch, Küchenfett und ihrer aktuellen Mahlzeit. Ich nenne sie Verfall. Wir in der letzten Reihe lachen Tränen. Neben der Eule sitzt der Ghettoblaster. Eine junges Chick mit schlecht gefärbten Haaren in Pink, zu engen Klamotten in Pink, zu vielen Piercings in Pink. Pretty in Pink fehlt die meiste Zeit. Sie wird den Kurs nicht bestehen. Dann hockt da Heike. Eine Frau, die nie die Fresse hält. Egal, ob gefragt oder ungefragt. Sie reißt ihr dummes Maul auf. Ihr Mundstuhl kommt über uns wie ein reißender Fluss. Dann haben wir noch die dicke Gerda. Sie hat alle Diäten durch, denkt trotzdem immer ans Abnehmen. Bewegung mag sie nicht, Männer sind auch alle miese Hunde. Mit Sechzig ist sie zu resigniert um neu durchzustarten. Ich kann es ihr nicht verübeln, nenne sie Raupe Nimmersatt. Elvira kippt während der Taufe fast vom Stuhl. Klaus, der aussieht wie der unlustige Zwilling von Loriot, ist der Klugscheißer der Klasse. Er langweilt uns ständig mit humorlosen Einlagen. Klaus hat immer Recht, ist auch sonst der Chefchecker. Er hat sich bei Nadia eingezeckt.

79

Sie spricht nur gebrochenes Deutsch. Findet Klaus ganz toll, wie er sie ständig verbessert. Doro, eine sechsfache Mutter lacht über alle Witze. Sie ist die Schweiz, total neutral. Es kommt noch ein weiterer Verlierer zu uns in die Klasse. Daniel ist Tanzlehrer, kommt immer zu spät. Er könnte mein Sohn aus erste Ehe sein. Stets smart und aalglatt, lächelt er sich durch den öden Unterricht. Daniel, die ungekrönte Ballkönigin. Unsere unbeliebte Dozentin wird nur Fräulein Rottenmeier genannt. Mich nennen die anderen nur Lehrerliebling, weil ich immer brav meine Hausaufgaben mache. Die Schulstunde geht weiter, wir reden ausgiebig über Inkontinenz, Katheter, Einlagen. Wir müssen uns gegenseitig im Krankenbett lagern, uns trocken legen. Das macht wirklich keinen Spaß. Soweit die Theorie. Nach vier Wochen Unterricht müssen alle ein Praktikum in einer Einrichtung für Demenz erkrankte Menschen absolvieren. Ich hospitiere in einer kleinen Einrichtung. Im Haus vegetieren zehn Senioren bis zum bitteren Ende vor sich hin. Es ist eine Wohngemeinschaft des Vergessens. Auf den Geruch im Haus bin ich nicht vorbereitet. Es riecht nach Endstadium und Friedhof. Ich möchte mir den Mund mit Desinfektionsmittel ausspülen. Der Gestank von Pisse und Scheiße haftet auf meiner Zunge. Die Kollegen wollen mich gleich zur Pflege verdonnern. Bringe es nicht fertig. Es ist mir alles zu nah. Schon am ersten Tag werde ich nüchtern mit meiner eigenen Vergänglichkeit konfrontiert. Bin froh als endlich Feierabend ist. In der ersten Woche zwinge ich mich durch den Tag. Die ewig gutgelaunten Mitarbeiter sind mir suspekt. Ständig wird gesungen, die meisten der Alten sprechen nicht einmal mehr. Andere sind richtig bösartig. Eine alte Krähe ätzt, ich sei zu dick und soll dringend mal abnehmen. Als die Nachtwache den Dienst antritt, kriegt die auch gleich ihr Fett weg. Du bist praller als ein reifer Truthahn, geh mal Gymnastik machen! Die Nachtwache reagiert gelassen. Sie ist das schon gewöhnt von der Dame. Eine andere Oma kneift mich fest in den Arm, als ich ihr aus dem Bett helfen soll. Sie spricht kein Wort, schaut durch mich hindurch. Eine andere verlegt ständig ihre Brille oder die Zahnprothese. Ein netter Opa hilft mir beim Abspülen, beim Gemüse putzen, beim Hof fegen. Das macht er immer gerne. Mit ihm drehe ich täglich ein paar Runden um den Block. Dann singen wir mindestens zehnmal, alle Vögel sind schon da. Zur Mittagszeit essen alle zusammen. Es gibt immer frisches Biofutter. Das merken die Alten aber nicht mehr. Warten auf die Sense. Hier kommt keiner mehr lebend raus, und rein wollen nur die engagierten Helfer. Die wenigsten Bewohner kriegen Besuch von ihrer Familie. Nach vier lehrreichen Wochen in der Demenz-Wohngemeinschaft ist der Abschied von allen herzlich. Ich bekomme von den Kollegen viel Dank für meine Unterstützung. Die Praktikumsbewertung fällt mit sehr gut aus. Das habe ich nicht erwartet und gehe mit Demut meiner Wege. Habe wirklich großen Respekt vor den Leuten, die jeden Tag für Hilfsbedürftige da sind, sich selbst hinten anstellen. Immer ein freundliches Wort für die alten Menschen, eine humanitäre Einstellung. Wenn der Tod so nahe ist, ist dieser nicht mehr perfekt sondern nur noch endgültig. Ich verabschiede mich von meiner Todessehnsucht, die mich immer mal wieder aufsucht. Ich kann mich nicht länger vor dem eigentlichen Leben verstecken.

Der Unterricht im Bildungswerk geht gewohnt weiter. Alle berichten aufgeregt vom Praktikum. Als der Dozent die Eule fragt, was denn ihr schönstes Praktikumserlebnis mit Demenzkranken war, sagt die knapp, der Feierabend.

Alles lacht. Ich sehe in die Runde. Elvira strickt um ihr Leben. Nadia himmelt Klaus an, Daniel pennt mit dem Kopf auf dem Tisch, Kurt, die Zahnfee, hat endlich neue Zähne. Er ist aber immer noch nicht zu verstehen. Heike labert den armen Dozenten voll, der hält tapfer seine Stellung. Ich sehe aus dem Fenster. Der Regen fällt in dicken Tropfen. Der Himmel weint, wäscht die Erde rein. Der Unterricht ist für heute zu Ende. Ich steige auf mein Rad, fahre nach Hause. Daheim angekommen, ziehe ich einen Brief auf dem Postkasten. Zu meiner großen Freude ist es eine Einladung zum Vorstellungsgespräch.

Beim Termin warten noch vier weitere Bewerber. Ich male mir die Chancen nicht allzu groß aus. Will den Job aber unbedingt haben. Ich werde alles geben. Fünf Köpfe sitzen mir gegenüber. Drei Männer und zwei Frauen. Eine ist Schwerbehindertenbeauftragte des Hauses, die andere meine künftige Chefin. Ich beantworte alle Fragen mit einem Charme, dass ich mich selbst nicht wieder erkenne. Nach einer halben Stunde Bewerbermarathon gehe ich wieder zur Tür raus, direkt über Los zum griechischen Mittagstisch. Jetzt heißt es wieder einmal, essen und abwarten. Schon zwei Tage später, ruft mich das Personalbüro an. Sie wollen mich einstellen. Es ist eine gut bezahlte Teilzeitstelle. So kann ich mich über Wasser halten ohne Hartz IV. Ich bin sehr erleichtert. Meine Weiterbildung zur Alltagsbegleiterin beende ich dennoch mit Erfolg. Eine Woche später starte ich meinen neuen Job in den Gastronomiebetrieben der Universität Freiburg. Ich werde freundlich empfangen, lebe mich dort schnell ein. Es gibt immer viel zu tun. Die Arbeit lenkt mich hervorragend von meinem Suchtdruck ab. Niemand weiß etwas über meine Vergangenheit. Die Kollegen lassen mich in Ruhe. Nebenbei arbeite ich stundenweise ehrenamtlich bei der Nachbarschaftshilfe. Jetzt bin ich auch mal für andere Menschen da, die es allein nicht mehr schaffen. Ich bin mit meinen Aufgaben zufrieden. Der Arbeitsalltag fordert mich heraus, macht mir Spaß.

Ich denke an nichts Böses. Dann ruft unerwartet meine Mutter an. Sie spricht, zahm wie eine Kobra ohne Gift. Schon nach wenigen Minuten ist sie wieder ganz die Alte. Gewohnt verbittert, fordernd und gemein. Diesmal macht es mir nichts aus. Lasse sie gar nicht lange weiterreden, wünsche ihr ein schönes Leben, lege auf. Noch mit dem Hörer in der Hand, atme ich erleichtert aus. Nie zuvor hat sich der Anfang vom Ende besser angefühlt.

2013 – Ein Jahr vor der Abstinenz

Tätowierungen – Das Leben tut mehr weh.

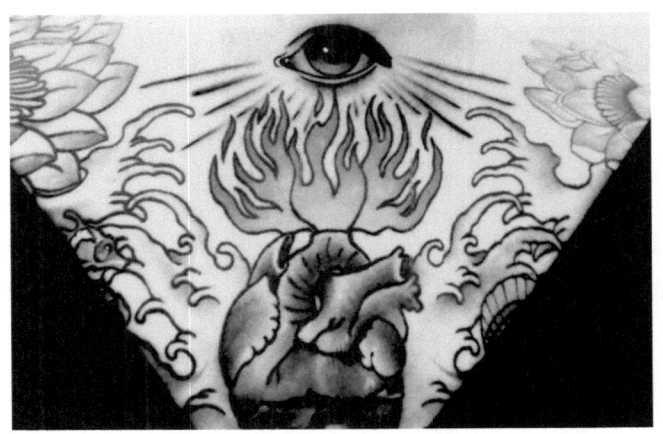

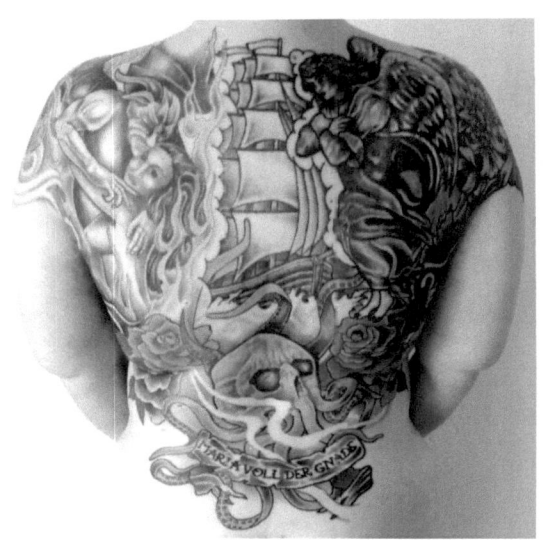

1987 – Meine einzige wahre Liebe.